思念的延續

志工路上的溫暖伴行

瑪莉亞（林惠貞）——著

現在起，
讓我們過好
每一個今天

每個人的一天，
都是無數昨日的累積，
明日的開展。

即使生命逝去，
至愛至親也從未真正遠離，
因著思念與願力，療癒內在心事，
化成延續的慈悲……。

溫暖見證

鈕則誠　銘傳大學教育研究所客座教授
孔令信　中華生死學會前理事長
郭碧味　社會大學校長
林綺雲　國立台北護理健康大學生死與健康心理諮商系兼任教授
楊敏昇　玄奘大學兼任助理教授
賴於廷　台灣癌症基金會第八屆抗癌鬥士
邱彥諧　臺北醫學大學附設醫院主治醫師
王別玄　中華生死學會副理事長
鄭旭真　安養機構護理長

目錄

Chapter 3

家屬篇

致我最親愛的，家人

推薦序一／

現身說法之生命敘事

瑪莉亞又出書了，在我的心目中，她是一位散文作家，筆鋒常帶感情，關愛在人間。

浸淫生死學研究，達臻知行合一境界

出身護理的她，中年以後發心奉獻，在許多醫院的安寧病房擔任志工，以所作所為、所見所聞、所思所想，印證於當年在生死學研究所學習的一切，逐漸臻於知行合一的境界。

不過能夠將愛心化為文字引人入勝，還需要一定的文學藝術素養，瑪莉亞在這方面又有她獨特的浪漫，專程去海南儋州尋訪東坡足跡便是一例。

眼前這部新作可謂「現身說法之生命敘事」，點滴細膩記錄下發生在她身邊的安寧故事。而無論是患者或家屬，都在瑪莉亞筆下如實呈現，同時真實體現出安寧療護的真情實意。

生命敘事，我手寫我心

我也當過安寧志工，時間不長，體驗亦未深，不似瑪莉亞這般既廣且豐。但是讀者切莫只把本書當作是報導文學來讀，她其實反映出作者「我手寫我心」的得心應手；不但講別人的故事，還包含自身經歷。

「生命敘事」就是生活故事，現身說法更添真實感，讓讀者彷彿走進病房，近身觀察體會。

現今社會罹癌人數居高不下，得病機率接近三成，人人都必須懂得居安思危，同時認識到「應盡便須盡，無復獨多慮」的可能。

安寧提倡「四道人生」：道謝、道愛、道歉、道別，希望人們「盡人事，聽天命」。這是孔老夫子的教誨，卻也符合佛家了悟「放下捨得」的真諦，希望讀者能夠通過本書領略這番道理。

——銘傳大學教育研究所客座教授

鈕則誠

推薦序二／走過人間的天使和他／她們的生死故事

這是繼《佳人相見》之後，惠貞再度執筆的第二本書《思念的延續》，她記錄了志工、病人與家屬們在生死兩安歷程中的悲喜交集，更側寫了每位的人生故事與各自的堅持與期望。

死亡是生命導師，學習最後一刻的放下與安詳

生命是一條長長的河，在曲折之際的憂怨或在直線奔騰歡悅中，都會記錄著我們的悲歡離合。那麼欣賞每一條河流的美，更不忘繼續這些河的在世心願，會讓日後我們在共同匯流入海之際，無怨無悔。

死亡是生命的導師，一如病患就是我們陪伴者的老師一樣，教導了我們更進一步面對死亡。陪伴／學習、學習／支持、支持／往生、往生／續緣……，不都是在述說著生／死、死／生的相隨，安與不安都是人的體驗。

惠貞筆下的每段生死在卡拉ＯＫ的歌聲中，或長或短、或悲或喜……，似有若無地穿梭在詞曲與歌聲之間，勾起更多過往的記憶與期待，在最後那一刻的「放下與安詳」。

惠貞筆下的主人翁，除了有各自的個性、人生經歷與特色之外，在人生最後一個階段中，隱約之間都與伊莉莎白・庫伯勒・羅斯醫師（Elisabeth Kubler-Ross, MD）所提到的臨終五種精神模式若合符節，只是因著個人的修為與信仰，有些階段非常明顯，有些則短暫滑過。

二〇一九年底的COVID-19突襲全球，造成集體感染與死亡，如今疫情緩解，傷逝之情依舊，對於生死學這個大課題來說，更增添了新的面向與提醒。

死亡，而且是集體死亡快速侵蝕了人類社會，讓有限存有的我們不得不感慨，生命是如此脆弱與不安，病痛與離棄竟是如此接近我們每個人。那麼我們又該如何來看待自己的生與死？還有這個世代的生死觀呢？

疫情、病痛不但在生理上威脅著我們，在心理上更是如同枷鎖一樣深沉地壓在心頭，美國生死學之母庫伯勒・羅斯醫師臨終心理五階段模式：否認（Denial）、憤怒（Anger）、討價還價（Bargaining）、抑鬱（Depression）、接受（Acceptance）。對於這場百年大疫來說，有人還沒有看清自己身陷何處時，就在病痛中逝去；有人在長長的訃聞版面上，才驚覺自己親人竟然已歸天，……可以說很多情緒都還沒有整理完，死亡隨著病毒已經席捲各地，讓我們都很難去歸類或者思索未來生死教育應該走向何處？

意義治療大師弗蘭克醫師（Viktor E. Frankl）是從德國集中營死裡逃生出來的猶太裔奧地利人，在二戰期間他不忍父母無人照料所以沒有離開，他成了德國納粹的俘虜，和新婚妻子蒂莉、父母與親友被送入慘無人道的集中營。

他慘痛地看著父親因著饑餓病死在他的懷裡、母親被送入毒氣室、兄長在勞役中喪命、妻子則在英軍解放該處集中營前早遭納粹的毒手，成了大屠殺下的犧牲者。

弗蘭克把他之所以能夠活著走出集中營，歸因在他從始至終就想把《醫師和心靈》（*The doctor and the soul*）這本丟失的書稿再度寫出來，因著這個信念，他克服了在集中營的不良條件，甚至於傷寒的侵襲，讓他堅信自己一定可以完成這個使命。等他寫出最新一版《醫師和心靈》的書稿時，在集中營的所有經歷成為新增的章節。

轉化生死，寫下「天使走過人間」

庫伯勒．羅斯醫師在她的自傳《天使走過人間》（*The Wheel of Life: A Memoir of Living and Dying*），特別有一段提到早年的她參觀波蘭集中營時，看到營中的猶太人刻劃的由繭化蝶的圖像，讓她驚奇也讓她體會到生死轉化，日後她用了這個象徵作為生死之輪的重要比擬。

在惠貞的書稿中，〈老北京祥獅門環的故夢〉也做了類似的比擬。

庫伯勒醫師還提到她在芝加哥大學代課時，想到和醫學院學生談「死亡」，理論有了，可是臨床上有誰可以說出關於死亡，或接近死亡的故事呢？

有一天醫院巡房時，和一位罹患白血球過多症，生命垂危的十六歲少女琳達坐下來聊天。她很坦率直接，她的母親在報上公布女兒病情，要求民眾寄「甜蜜的十六歲」生日卡到醫院給她的女兒，但是琳達一點都不領這份情。她不想要陌生人的卡片，只想要家人和親友發自真心的探望，她喊說：「我為何這麼倒楣？為何上帝會挑上我，讓我死掉呢？」

庫伯勒醫師突然覺得，應該讓這位女孩向醫學院的學生說出她內心想要說的話，也成功地說服琳達出席。

上課當天，第一堂庫伯勒醫師緊張地念完講義，第二堂她推著穿著漂亮的琳達進入教室。她向學生介紹琳達，學生這時候反而不知所措，沒人敢提出問題，雖經她點名、問問題，但是這些學生問得不關痛癢，讓琳達很生氣。

於是，自己提出並回答她一直希望醫師和專家們詢問她的問題：「十六歲女孩，只剩下幾個星期可活，究竟是怎麼的一種感覺？」、「花樣年華的姑娘，卻不能參加高中舞會，也不能跟男朋友出去玩，也不必擔憂長大和選擇職業的問題，更不必考慮將來嫁給怎麼樣的丈夫——這樣的女孩子，心中有何感受？」、「妳是怎麼熬過每一天的？為什麼身邊的人都不肯把真相告訴妳？」

琳達一口氣說了半個小時，累了，於是先回病房休息，但此時在場的學生改變了！大家都承認琳達所說的話，讓他們感動得流下淚來。

同樣地，在惠貞的書稿中〈一個人的婚紗照〉與〈暖流〉也讓我們看到小宇面對自己和乳癌對抗的過程中，那種堅毅與不服輸的神情，還有少女對自己生命的珍愛與堅持。

那年，中華生死學會也為小宇辦了一場演講，讓她說出她對婚紗照的堅持與對自己生命的期望。那天大家更加心疼她、祝福她！

惠貞的書稿也寫出了她自己的生死經歷，完成碩士論文之後、擔任護理師與投入臨終關懷的志工，一邊觀察陪伴，一邊蒐集寫作，不但完成這本新作，更重要的還是整理了自己的生死課程心得，提供給大家參考。相信她還會繼續完成更多「天使走過人間」的生命故事！

——中華生死學會前理事長

孔令信

推薦序三／珍惜眼前人，期盼生死兩無憾

多年前桃園生命線協會舉辦的一場死亡咖啡館上，認識了惠貞學姐，看過她深情寫作出版的故事《佳人相見》，深深感動著我。

曾幾何時，我也出現在她這本故事中，每每閱過不勝唏噓、眼眶泛淚的心情，久久不能平復。

四道人生，扭轉病人痛苦、家人遺憾

憶起爸爸當初癌症末期身心備受折磨，還在床底下置放武士刀及一瓶農藥，曾經言明，如果當有一天知道自己罹患癌症，一定會自殺，不想等到像同村子的親友一樣受到病痛的折磨。想到這裡，就捨不得，也因為這樣，我們做子女的自作主張，隱瞞了他罹患癌症的事實，眼睜睜地在加護病房，看著爸爸氣喘不過來地問我：「為什麼我喘不過氣來？」

我無法回答：「爸爸，我們即將分開了……。」

我只能握著他粗糙長繭的雙手，緊貼臉頰，泣不成聲。

當時看著手上的「放棄急救意願書」【作者註】，拿著筆，遲遲不敢簽下去，彷彿我是劊子手一般，

內心糾結不已，熱淚盈眶……。

許多年了，這段痛苦的記憶，一直縈繞心頭，揮之不去，直到讀了生死學研究所，深刻地體會到，爸爸是如何死得不明不白！也慶幸在爸爸癌症末期，心肺衰竭下沒有再做無謂的急救和醫療，增添爸爸的痛苦。

學姐的每一篇文章，除了令人動容的故事，更是闡述如何尊重生命，生死事大，讓大家都能學會珍惜現在，珍惜身邊的人，及時道愛、道謝、道歉、道別，做到生死兩無憾。

——社區大學校長

郭碧味

【作者註】

二十年前的同意書，名稱為「放棄治療同意書」，所以負責簽名的家屬，內心哀慟不已，心結很深。現在已經更名為「不施行心肺復甦術同意書」。

推薦序四／

讓自己更從容——當生命課題來敲門

拜讀作者大作之後，心情竟是如此被牽引著，悄悄地掀開了內心的某個角落，自己的思緒也慢慢的絹流而出……。

人的一生早已是由出生與死亡的兩端固定著，而串聯的是生命的體驗，由喜、怒、哀、樂、酸、甜、苦、辣等的事件點滴，參和其中。

篤實的信念，療癒哀傷

從事護理工作，自見習、實習、到臨床，往往會比其他行業從事者，都更早參與見證這固定的生死兩端。

原以為職場的生死常態，早已經讓自己雖有感受，卻也能很快地轉換調適。殊不知當第一隻領養六年的毛孩猝死時，自己是以淚洗面，睹物思情不能自已；家人不忍甚至提議再養相似的毛孩、取相同的名字，來移轉情感平復情緒。

毛孩猝死，不捨之餘，更罣礙的是毫無處理後事經驗，對牠不完善告別的遺憾。

然而感謝《動物生死書》一書，讓自己在諸多心緒上得以了脫悲傷，同時開啟自己對靈性的探索，對死亡這浩瀚歷程的窺探。該感謝老天爺的慈悲嗎？

毛孩的離世，竟只是小試身手、前奏曲的暖身，豈知隔年還有更大的魔王已悄然粉墨登場，即將……。

若說天地父母，大地如母，沒了地可踩的人，就宛如在空中漂浮著——遊—遊—盪—盪，如被掏空了精氣神的——恍—恍—惚—惚；所以不再對喪母的人說「節哀」，只願其情緒順流與陪伴，因為「痛」——我懂。

感恩之前，廣閱靈性書籍，有了對靈魂不死、前世今生、人生藍圖、因緣果報、回溯告別、業力法則等，有著初略懵懂卻篤實的信念，祂療癒了我，縮短我的哀傷，更讓我在媽媽病榻之時、陪伴之際，能跟媽媽分享書中智慧並朗讀書中要義，十足信心堅定地跟媽媽說：「媽媽！您不要怕死，靈魂不死，您這生來當我的媽媽是一個角色，玩完了就去玩別的，過身過身（閩南語）就是過了、換掉一個身體後，再一個身，咱們再換別的玩或跟菩薩修行聽經聞法，不當人了……。」

虛弱的媽媽點頭笑了，我也笑了，含淚地笑了……。

學會死亡，才能學會活著

當轉任老人養護中心的護理人員，陪著正經歷病、殘、老、死的長輩們更近了，每個人有著自己曾經的璀璨輝煌，娓娓道來時常瞥見意氣風發的神色。

但當往事不再重提，行動不再自如，在空洞無神的眼神中，鬆垮病疾的身軀下，我常臆測，他們是以怎樣的心情面對每天？

不禁想起，曾經看過的一本書《最後14堂星期二的課》（*Tuesdays with Morrie*），是一位老教授面對自己逐漸死亡的態度，接受它並進一步地享受它，其中一些睿智的想法令人動容與深思。「學會死亡，才能學會活著。」、「年老並不只是衰老，是成長。它不只是你年復一年離死愈近的消極面，年老也是你瞭解到你將要死亡的積極面，而你因此更懂得好好過活。」

真心推薦《思念的延續：志工路上的溫暖伴行》，作者以細膩柔軟的心思及善良同感的慈悲，讓每個漫談心情，透過她流暢的文采娓娓道來，場景隱現於文字之中，深入淺出地呈現生死問題的探索，融合成了一場關於生命的深度體驗之旅，引領著讀者在相關相似的歷程中，同溫共感為之動容。

讓讀者可以細品到書中蘊藏的溫柔與力量，字裡行間的祝福與期許，讓我們看見流露的真性情。

如果你希望對生命有更深入的體會，並更好地面對死亡，這本書不容錯過。

——安養機構護理長

鄭旭眞

推薦序五／尊重、疼惜每個生命

現代台灣社會，寵物已經成為許多家庭的一部分，寵物不僅是我們的朋友，更是陪伴我們度過許多難忘的歡樂與艱難歲月的家人。

作為寵物禮儀師，我們肩負的責任是協助家人在寵物往生之際，給予敬意與嚴謹的後事服務。面對失去寵物的家人，寵物禮儀師的工作氛圍往往充滿著悲傷。

然而，在這過程中，無論是協助主人安排寵物的火化流程，為寵物安置安息之所，或是接待前來追思的家人朋友，我們盡己努力，讓寵物與家人感受被尊重與善待。

往生，就像是到天堂旅行

回想數年前在寵物安樂園服務時，某天下午，我在園區，從主館露台看出去，有兩位家人從停車處走向主館，手裡捧著鮮花，帶著寵物照片與一袋供品。是前來追思的家人，我上前接待關心，媽媽陪同女兒前來，我發現她們的臉色有些凝重。

女兒問我：「請問我家寶貝葬在哪裡？」

我回問她：「請問寶貝是安排個別火化還是團體火化？因為不同的火化方式，會有不同的安葬地點。」

她簡短回：「團體。」

女兒說，狗狗是她跟前男友一起養的，分手後，狗狗由前男友養著，幾天前狗狗往生，前男友沒有通知她，就逕自聯絡園區安排團體火化，她覺得寶貝的後事被草率處理，心痛不已。女兒流著眼淚，表現忿忿不平。

「還有什麼補救的方法嗎？」女兒問。

我安慰她：「已經完成火化跟安葬的服務，這是不可逆的。但是我們換個角度看，毛孩往生就像是到天堂旅行，選擇團體或個別的火化，好比旅行過程搭的交通工具，團體火化就像是搭乘巴士，途中有伴，個別火化則是搭乘 Uber，較有隱私，兩者各有優點，既然我們已經到達目的地（天堂）了，旅行的過程是坐什麼交通工具重要嗎？」

家人若有所思地點點頭。

我接著引導家人：「家人有準備鮮花跟供品，我們可以帶到主館的二樓佛，我們跟地藏王菩薩稟報，寶貝在此安息，祈願菩薩護佑，讓祂在此可以繼續修行此生未完的功課。」

半小時後，我目送家人離開，對她們來說，這是一趟糾結的追思行程，祝願家人的結可以解開。

理解生命意義，安送寵物抵達彼岸淨土

安排團體火化或個別火化，會有流程與價格上的差異，一般觀念也認為，若要安排較為慎重的服務方案，希望全程參與，需選擇個別火化配套。

寵物身後事該如何辦理，其實沒有標準答案。

每個人對生命的理解和態度不盡相同，有人認為寶貝身後事一生一次，需通知親朋好友，比照「人」的告別式規格安排；有人認為，在生時候的珍重珍惜，遠勝離別時的鋪張講究，所以身後事的形式跟流程便不重要，簡單處理即可。

這個故事，回應〈看海〉這篇文章所述：阿妹相伴六年的毛小孩嘟嘟，因身體不適送到醫院開刀治療，手術雖然順利，但是出院當天早上，卻突然呼吸困難猝死。寵物醫院建議，協助直接團體火化。

阿妹接到消息傷心欲絕，一時六神無主，遂同意醫院的做法，直接團體火化。

阿妹因過度傷心，幫嘟嘟選擇了團體火化，心有罣礙，為之擔心，後來透過寫信的方式，向嘟嘟道歉，盼嘟嘟諒解。其實，火化是形式，是過程，我相信，嘟嘟在阿妹的祈願祝福中，已經抵達彼岸的淨土。

瑪莉亞畢業於南華大學生死學研究所，是我南華大學的學姐，她以細膩的筆觸和溫暖的同理心，將每個人的情感交織在文字中，以深入淺出的方式，探討生死問題，讓讀者踏上一段段關於生

命的深刻旅程。

透過瑪莉亞流暢的文采和場景的描繪，令人深刻地感受到其中蘊藏的溫柔和力量。

如果你希望更深入地理解生命的意義，更好地面對死亡，這本書是不可錯過的。它充滿著瑪莉亞的祝福和期許，能夠引領讀者在人生的歷程中，洗滌性靈，為之動容，這本書絕對值得一讀。

——中華生死學會副理事長、星城生命寵物禮儀共同創辦人

王別玄

各界名人專家推薦語

面對死亡是人生最後的功課與考驗，沒有標準的題目與答案。本書提供各種案例故事，正是我們可能面對的課題，讓我們學習到如何陪伴與自我照顧，珍惜最後的時光；其中甘苦都將成為日後生命成長的禮物。

——國立台北護理健康大學生死與健康心理諮商系兼任教授
林綺雲

雖說死亡是不可避免的關卡，但多數人似乎沒有準備好，面對病患及家屬的無助，誰會是他們靈魂的擺渡者？

這也是惠貞學姐經常思考的問題，如何讓他們從哀傷中找到希望與出口？

——玄奘大學兼任助理教授
楊敏昇

透過志工與服務延續溫暖，一篇篇生命故事的體悟，相信每個傷痛都只是此生借過，雨停了，將帶著愛，一起繼續前進。

——台灣癌症基金會第八屆抗癌鬥士

賴於廷

從事婦癌工作，每天殫思竭慮如何延長病人壽命，減少痛苦。病情若是無法治癒，進入末期，就會啟動安寧照顧。

筆者親身付出於每個病人，最後人生旅程的圓滿。看著每一段故事，體會到「安寧療護的過逝」，不是一個令人畏懼的終點。反而有如音樂會中，下一曲目開始前的休息時間。用心至此，令人感佩。

——臺北醫學大學附設醫院主治醫師

邱彥諧

自序／有願

緣分就是這麼奇妙，我又回到了熟悉的地方！

很久很久以前，就讀婦嬰護專時至醫院見習。

某日，病房裡傳來一陣陣淒厲哀號、絕望揪心的哭聲，哀傷和痛苦的能量迅速流竄全身，耳畔依稀傳來：「我的心肝兒啊，你好狠啊！丟下我一個人——。」

生命啟蒙生命，志工路上溫暖伴行

不敢想像那卑微佝僂的老母親，正揪心扒肝、嚎啕悲痛地祈求死神能還她一個孩子。我直覺地想逃，甚至想躲起來，一個人默默流淚。

「面對生離死別，生命需要啟蒙嗎？死亡需要啟蒙嗎？」畢業後，進入醫院服務十餘載，照顧病患，遍歷生死，陪伴其間，淒然不忍。

當年《安寧緩和醫療條例》尚未通過，經常看著病人們被病痛折磨，在生死線上掙扎，有些末期病患劇烈疼痛地在床上哀號，卑微的乞求注射止痛針。醫師礙於四小時給予止痛針的規定，只能無奈嘆氣說：「再忍耐一下──。」

看著熟識的病人支離破碎、受盡折磨，憔悴不成人形的模樣，內心就痛苦地顫抖不已：「人性尊嚴何在？」

因著孩子年幼，回歸家庭，並攻讀南華大學生死學研究所，然而，心中隱然有某種念想。殊不知，知命之年，又回到闊別已久的醫院服務。只不過，以前，稱為護理師；現在，是安寧志工，用不同的視角，重新延續此生陪伴照護的因緣。

臨床上，死亡，如影隨形。面對病人的痛苦與心酸，掙扎與無奈；看見家屬的心痛與哀傷，自責與後悔；感動志工們的無畏與付出，遺憾與慈悲……。

是什麼樣的力量，讓許許多多的志工們願意如此投入，默默陪伴？彷如淡水山頭千手千眼觀世音菩薩般，循聲救苦，慈悲動人。

延續思念，化成慈悲的無量傳說！

志工好友告訴我，當年至親去世時，她才二十歲，望著病人受盡許多折磨，形銷骨立，自己卻束手無策，不知道能做些什麼事，才可以幫助至親稍減身心的痛苦，甚至，生命末期還急救到底，遭受許多酷刑。

最後，親人走了，思念與遺憾，卻縈繞胸懷。

其實，逝去的親人常在心頭，不曾遠離，因著思念與願力，許多志工默默陪伴末期病人，無怨付出的同時，也療癒內在的一份心事。思念的延續，化成慈悲的無量傳說！

志工，彷彿都是發悲願而來。一路走來，感謝醫院安寧團隊的協助，志工們相伴同行，以及大悲學苑師長們的慈悲教導，宗惇師父、德嘉師父、道濟師父和王浴護理長們，效法觀音菩薩大慈大悲，拔苦與樂，利益眾生，深深感恩！

特別感謝百忙中抽空為我寫序的老師與好友們，鈕則誠院長、孔令信教授、郭碧味校長，以及王別玄副理事長與鄭旭真護理長等人，還有推薦人林綺雲教授、楊敏昇教授、賴於廷小姐與北醫婦科邱彥諧主治醫師等人，和文莉、怡君熱心提供照片，宿世有緣，一併誌上由衷感恩！

瑪莉亞

【聲明】

本書內容基於陪伴故事，各篇人物皆採化名，並經過多方蒐集、重新編寫呈現，如有雷同，純屬巧合。

Chapter 1

最後一堂學分，陪伴關懷手記

志工篇

站在生離死別的關口，透過志工、病人與家屬的近身互動，共同完成人生最後這堂學分。

逝去的親人常在心頭，不曾遠離，因著思念與願力，許多志工默默陪伴與關懷末期病人，無怨付出的同時，也療癒內在的一份心事。

思念的延續，將化成慈悲的無量傳說！

01／阿嘉的思念

「安寧病房不是等死的地方嗎？」

「親朋好友是否會責怪兒女不孝？」

儘管阿嘉心中充滿不捨與懷疑，卻認為是不是該再拚一拚？

「這輩子有你們，我已經很滿足。手術和化療，都努力過了，不要再折騰我啦。人生最後能順心順意，有尊嚴的走，就是老天最好的安排！」爸爸豁達表示。

然而，屋漏偏逢連夜雨，阿嘉卻意外被診斷出鼻咽癌第四期……。

三十歲，是怎樣的流水年華？

阿嘉說，三十歲那年，他的朋友大都在追逐愛情，結婚生子，喜獲麟兒。不然，就是工作穩定或積極創業，努力打拚美好的未來。

只有他，永遠記得三十歲那年，是他人生中最黯淡無光的日子，準確來說，應該說是「比悲傷更悲傷的悲傷歲月」。

父親罹患大腸癌，家中陷入危機

阿嘉個性溫和善良，甚得父母疼愛。退伍後找了份穩定工作，也有位不錯的女友，就這樣過了幾年平凡快樂的日子。

二十七歲那年，爸爸覺得食慾不振、血便、腹部疼痛、腹瀉等症狀，到醫院檢查，發現竟得了大腸癌，簡直是晴天霹靂！

爸爸個性木訥、心地寬厚、孝順、具責任感，一肩挑起全家經濟，還義務擔任柔道老師，免費輔導民眾學習武術，不僅是全家支柱，也是他最崇拜的人。

那時聽從醫師建議，開刀切除腫瘤，回家休養，他曾帶女友回家探視，爸爸還催著他們趕快完成終身大事，好讓他抱抱孫子。

阿嘉想想，畢竟還年輕，隔幾年再看看吧！

三十歲那年，爸爸慢慢感覺全身骨頭痠痛，身體虛弱。到醫院檢查，才知道已經癌症末期並轉移到全身骨頭了。

他簡直不敢相信！原本以為自己能夠跟一般人一樣，成家立業，結婚生子，讓爸爸享受含飴弄孫的日子，沒想到病情惡化這麼快。

剛開始醫療人員為了避免病人與家屬舟車勞頓，會帶著志工到家裡探視病情，更換藥物或管路。

也就是從那時候開始，志工 Mommy 常來看看爸爸，她的幽默風趣、善良體貼，陪伴爸爸度過許多疼痛煩悶的日子，後來兩人成為好朋友，還會一起唱歌解憂！

隨著身體衰退、病情惡化，最後，爸爸決定住進安寧病房接受專業照顧。

選擇安寧，讓自己有尊嚴的走

「安寧病房不是等死的地方嗎？」

「住進安寧病房，是否表示放棄一切治療呢？」

「親朋好友是否會責怪兒女不孝？」

儘管阿嘉心中充滿不捨與懷疑，仍是跟爸爸說：「是否再拚一拚？看看還有沒有機會？」

他多麼希望爸爸能長命百歲，只要有一線機會，他都願意去嘗試！

爸爸卻豁達表示：「這輩子有你們，兒女孝順，夫妻感情不錯，朋友很多，我已經很滿足。手術和化療，都努力過了，不要再折騰我啦。人生最後能順心順意，有尊嚴的走，就是老天最好的安排！」

就這樣，爸爸生命最後那段日子，是在安寧病房平安度過的。

安寧病房裡有卡拉OK中心、精油服務及高級按摩浴缸等設備。爸爸常到卡拉OK中心與志工一起歡唱，那在音樂聲中陶醉的模樣，彷彿盛年在商場上叱吒風雲、朋友雲集時般開心快樂！

記得有次安寧病房舉辦聖誕節活動，父子倆人偕同參加。主辦單位除了邀請專人表演節目，還有志工準備各式點心與水果，溫馨感人。有位護理人員幫他們拍照，父子倆同時開心比出「勝利」手勢。

只是沒想到，這張珍貴的相片，卻是父子倆這輩子最後的紀念。泛黃的相片，擺放在案頭上，好似追憶難忘時光！

自己意外罹癌，茫茫然不知未來

那陣子，在醫院陪爸爸住院時，阿嘉覺得聽力莫名減弱。

「是不是太累了？」趁著爸爸午休空檔，到耳鼻喉科看診。醫師一檢查，疑是鼻咽癌第四期。

怎麼會這樣呢？我還這麼年輕！怎麼可能？屋漏偏逢連夜雨……。

面對突然的噩耗，自己也嚇呆了，實在不知道該如何對父母啟口？第一時間打電話給女友，訴說內心的驚恐與徬徨無依。女友聽完，竟說：「那我們結婚吧！我們一起面對。」女友的情深，實在感人。可是，女友的媽媽卻執意反對。

天下父母心，這也不能怪她父母。他說，誰願意將女兒送入這麼艱難的未來？阿嘉也不知道，自己還能活多久？他無法想像，倘若結婚後有了孩子，萬一日後病情惡化，留下孤兒寡母，沒有依靠，怎麼辦？

思前想後，茫然不知如何面對未來，最後乾脆心一橫，含淚斬斷情絲。無緣啊——他只能在心中默默祝福那女孩，找到幸福的歸宿！

待醫師確診後，幫他安排四十次電療，一切，聽天由命。內心的衝擊，無望的未來，與電療造成的疼痛、飲食困難及各種副作用，那真是一段痛苦、孤單又無奈的日子！

阿嘉永遠記得那一天是他接受第三十六次電療的日子，還有四次就可以完成整個療程。可是爸爸卻等不及他完成電療。

死神永遠帶走了爸爸！

當他做完第三十六次電療，回到家裡抱著爸爸冰冷的身體，忍不住嚎啕大哭、痛哭流涕，無法自己！

爸爸已經永遠離去，而自己罹癌茫茫然不知未來。

只是，他記得答應過爸爸，要好好照顧逐漸失智的媽媽，這是他最重要的責任，也是支持他繼續走下去的動力！

他按時回診追蹤檢查，但是日子卻過得渾渾噩噩，好似孤魂野鬼一般。有時候開車到山上亂逛，有時到海邊望著滾滾大海發呆。想找人傾訴內心的痛苦鬱悶，卻不知該說給誰聽！

如今回想起來，也不知道那幾年是怎麼過去的。直到五年後醫師提醒他，體內已經完全沒有癌細胞，他才豁然驚醒——原來，還活著！彷彿這條命是撿回來的。

重獲新生，走入志工行列

想起以前陪伴爸爸住院的日子，以及爸爸在卡拉OK中心唱歌時開心陶醉的模樣。

就這樣，他走入安寧病房擔任志工，參與各項臨床服務，並每週邀請病人與家屬到卡拉OK中心歡唱解憂。

算起來，在安寧病房默默當志工，也已經十幾個年頭了。

我記得有位八十五歲的阿嬤，到卡拉ＯＫ中心來散散心，我們為她演唱好幾首閩南語老歌，如〈雨夜花〉、〈望春風〉等。

後來我問阿嬤：「有沒有特別想聽什麼歌？」

她偏著頭，想了很久很久。

「有一首布袋戲老歌，好像叫什麼、什麼玫瑰？」

「是〈黑玫瑰〉嗎？」

當年的我，也是小小布袋戲迷，每當布袋戲電視演出時間一到，我們幾個蘿蔔頭就會搬張板凳，靜靜守候在電視機前，等待金光閃閃的偶像出現。那時候，真是緊張刺激，盛況空前啊！

「對！對！對！」她高興地猛點頭。

我記得看過方瑞娥小姐在電視上演唱〈黑玫瑰〉時痛苦的表情，傷心欲絕，令人動容。所以我努力模仿她唱歌的樣子，一副深情痛苦，悲傷得支撐不住快要倒地的模樣。

不知道是我唱得太難聽，還是模仿得太好笑，只記得那位阿嬤咧著大嘴，露出閃亮亮的金牙，開心地從頭笑到尾。

雖然我唱得不好聽，可是她卻熱情十足，從頭到尾一直大力鼓掌，那快樂的容貌，感染了大家的心情，全場歡笑連連。

阿嬤笑著對我們說，她已經二十幾年沒有聽過這首歌了！

阿嘉則在一旁癡癡楞楞地望著阿嬤，那神情彷彿看著久違的故人一般，孺慕之思溢於言表！

陪伴病人和家屬，創造溫暖記憶

令我印象最深刻的，是一位四十幾歲的乳癌末期病人。

當我看著躺在病床上，戴著氧氣鼻導管，呼吸費力的她，以及陪病床上酣睡的獨生女兒時，內心實在非常捨不得。

因病人虛弱怕吵，也不喜午時強烈的陽光，看護遂將落地窗的窗簾拉起來，整個病房顯得幽靜昏暗，只聽得氧氣「嘶嘶」的流聲。

或許病房內的氣氛太沉悶。午後，外公牽起小孫女的手，到卡拉ＯＫ中心來逛逛。

可愛的小女孩約莫十歲左右，剛開始面對許多陌生的大人，有些害羞。我們鼓勵她，不妨試試看。

後來她拿起麥克風唱了好幾首歌，如五月天、張惠妹及蔡依林的歌，甚至還唱起英文歌，越唱越起勁。我們都好驚訝，小小年紀，潛力十足！

她說在學校裡和補習班下課時，同學們都會一起大聲唱著許多流行歌曲。這原是屬於她的無憂歲月！

「小女孩的媽媽病情如何？」阿嘉悄悄問我。

我默默搖搖頭。

「這女孩怎麼辦？」只記得阿嘉憂心忡忡地說。

我看了他一眼，在他憂心難過的臉龐上，我彷彿看到當年那個即將失去父親的男孩，內心的擔憂與茫然。

卡拉ＯＫ中心開放時間即將結束時，病人與家屬陸陸續續離開，回病房休息。

「妳繼續點歌，想唱多久就繼續唱，沒有關係喔！」阿嘉對著小女孩說。

小女孩不知道我們有休息時間，開心的點點頭，繼續一首又一首不停唱著。

外面的街燈一盞一盞亮起來，黑夜漸漸籠罩黃昏！

我永遠記得那個下午，寬敞的卡拉ＯＫ中心，彷彿是小女孩個人演唱會，觀眾席上除了親愛的外公，還有志工Mommy、真姐、阿嘉與我。

小女孩又唱個把小時，外公才牽著她的小手回病房去。

目送他們倆一大一小牽手的背影，依稀聽到小女孩甜甜撒嬌聲：「阿公，我今天好開心喔！」陪伴癌末媽媽的日子，小女孩已經許久不曾如此開心歡笑！真希望，她能一直開心歡笑、快樂無憂。

當天阿嘉徵得阿公同意，錄下小女孩唱歌跳舞的影像，拿到病房讓她的媽媽看。媽媽看見女兒手執麥克風高歌快樂的模樣，一面點頭微笑，也一面流淚。

「沒想到這孩子這麼會唱歌啦！」

「下次我也要陪她一起去唱歌。」

只是，這微小的心願，卻永遠無法完成……。

天公疼憨人，療癒內在心事

記得初識阿嘉，沉默寡言且不善言語，也不善歌唱（持續進步中），始終納悶他為何堅持卡拉ＯＫ服務組組長一職？

某天他問我：「妳知道我為什麼一定要建立卡拉ＯＫ服務組，每週定時服務嗎？」

我默默看著他，不說話。

他說：「因為我爸爸住在安寧病房的時候，他最喜歡唱歌！」

當年，阿嘉爸爸走得匆忙，來不及看到兒子完成終身大事，享受含飴弄孫的快樂，是心頭的遺憾。

至於那個無緣的女友，則是阿嘉埋藏在心底，永遠難以訴說的最大遺憾吧。無奈，佳人早已綠葉成蔭子滿枝。只能說，造化弄人啊！

阿嘉相信，爸爸在天之靈的守護，他才能陪著九十歲失智的媽媽，平安度過晚年。

我想，天公疼憨人，孝順的他，親侍湯藥，不離不棄，老天爺也都看見了，不是嗎？

回首前塵，因著孺慕情深，因此十幾年來，全心在安寧病房默默付出，照顧守護末期病人，始終無怨無悔，也療癒內在的一份心事。

我想，這就是阿嘉思念爸爸的方式吧。

卡拉OK．療心室

歌曲：〈雨夜花〉，歌者：純純。
歌曲：〈望春風〉，歌者：純純。
歌曲：〈黑玫瑰〉，歌者：方瑞娥。

02／蘇格蘭的紅玫瑰

「Mommy是爸爸的救命恩人，有Mommy的陪伴，爸爸的治療過程才能順利，多活好幾年。」阿嘉媽媽對於Mommy滿是感謝。

當Mommy說起這幾十年前的往事時，我簡直目瞪口呆，真是不可思議！扳扳手指頭，那時候，我應該還是乳臭未乾的黃毛丫頭。

雖然我來不及參與Mommy過去精采歷史，但是慶幸往後的日子有緣相聚。

這一年相處下來，看著她陪伴病人時仁慈與智慧，我簡直佩服得五體投地，讚嘆不已！

有人說，她是蘇格蘭的紅玫瑰。
有人說，她是安寧病房的國寶。
大家都暱稱她「Mommy」，久而久之，真實姓名反倒不為人知曉了。

刀子嘴豆腐心，跨海而來的情緣

剛到安寧病房時，聽說最資深的志工服務年資超過三十五年，高齡已經九十二歲。

我不禁咋舌，天啊！那她是拄著拐杖？還是坐輪椅來為病人加油打氣呢？應該是位慈祥、和藹又溫柔的老奶奶吧！真是充滿了期待與想像畫面。

值班時有人偷偷傳話：「Mommy 來了！」

我忍不住探頭引頸張望，只見一位銀髮蒼蒼的長者，拄傘為杖，氣質高雅，精神矍鑠，眼神犀利，旁邊一群人簇擁著她，架勢十足，步履緩慢卻穩健。一看就知道是厲害角色，心想，我還是閃遠一點。

而且她精明幹練的樣子，完全不像九十幾歲耄耋高齡，看上去也不過七十來歲，真不知道是怎麼保養的？

後來到卡拉ＯＫ服務組認識 Mommy 後，才瞭解她是真正「刀子嘴豆腐心」！

雖然偶爾會罵罵我們，比如常說我：「笨啊！連這個都不懂。」其實是愛之深、責之切，希望我們少走冤枉路，善良又慈悲的她，私心裡真的很後悔，當初誤解她，真是有眼不識泰山！

說起 Mommy 的人生故事，那可真是 long long story。

Mommy 小時候跟著父母從中國大陸移民到英國定居，大學時原本希望投入醫療服務，後來因學費高昂無法負擔，遂改念教育學系。

或許從小受西方教育的關係，個性獨立堅強，思辨敏銳。年輕時曾到歐洲各地遊歷，學會多國語言。

不過緣分真是奇妙，她到印度工作時，遇上來自中國的飛官，一身戎裝，帥氣挺拔。美女遇見英雄，就這麼墮入愛河。

結婚後跟著部隊來到台灣，剛來時她只會英文，完全聽不懂也看不懂中文，幸好天資聰明能力好，一切日常從頭摸索，來自遙遠蘇格蘭最美的紅玫瑰，憑著一股堅毅與勇氣，就在此落地生根！

日子在工作與家庭孩子中，熱熱鬧鬧，轉眼飛逝而過。

先生待她很好，原本以為兩人能攜手到最後。先生卻在六十歲時得癌症，醫師宣布只有三個月的時間。

Mommy 購買許多原文醫療書籍用心研究，親自照顧並料理營養可口的飲食。在她精心照料下，先生又度過幸福的幾年，五年後才蒙主寵召撒手而去。

剛失去愛侶時，Mommy 悲傷、難過，哀痛逾恆，真是經歷人生最黑暗、最低潮的時刻。有時候一個人喝酒解悶，痛哭失聲。有時候，明明不會抽菸，也學別人「哈」菸，深吸一口再茫然吐出，看著白色煙霧一圈又一圈，飄向天際。有時候則是無眠的夜晚，自己一個人駕車飛馳在黑暗的淡金公路，不知方向。

那段心痛的日子究竟怎麼熬過來的，因為年代久遠，聽說也有些忘了。（不想記憶？）後來，她毅然決定到醫院投入志工行列，默默付出，照顧病人。

那時候醫院還沒有設立安寧病房，癌症病人出門就醫不便，護理人員由志工陪同前往，到病人家裡治療。

其實生病已經很辛苦，還要注射化療藥，而且有些藥有許多副作用，所以病人往往想到治療或點滴注射，就心情鬱卒。

有時候病人也會提出「小要求」，交換條件才願意配合治療。當護理人員勸說無效時，就只好請 Mommy 出馬。Mommy 說學逗唱，使出十八般武藝，或以過來人的經驗，安慰打氣，才能完成不可能的任務。

她印象最深刻的病人，應該是阿嘉的爸爸。

阿嘉爸爸年輕時工作忙碌，生意做得很好，退休後希望悠閒享清福，卻發現得了大腸癌，總是心有不甘。想想，一生勞勞碌碌，賺得錢財，失去健康，到頭來，卻是一場空。

每次 Mommy 陪護理人員到府治療，要注射藥物時，阿嘉的爸爸或許生病不適，經常會情緒不佳，有時甚至像小孩子般賴皮，想辦法拖延治療時間。

有次阿嘉爸爸要求，Mommy 先唱一首歌，他才願意打針，而且還指定日文歌喔。幸虧 Mommy 語言能力好，當場唱起日文歌，後來又陪病人合唱幾首老歌，才順利完成治療。

還有一次，阿嘉爸爸情緒低落，正在抽菸，他問 Mommy 能不能陪他抽根菸。

「雖然我不會抽菸，但我試試看！」Mommy 學著把香菸從鼻子吸進去，又從嘴巴大力吐出來，努力「哈」完一根菸。

她賣力演出，模樣滑稽，逗得病人哈哈大笑，情緒好轉，才心甘情願配合打針。

所以阿嘉媽媽都說：「Mommy 是爸爸的救命恩人，有 Mommy 的陪伴，爸爸的治療過程才能順利，多活好幾年。」

當 Mommy 說起這幾十年前的往事時，我簡直目瞪口呆，真是不可思議！扳扳手指頭，那時候，我應該還是乳臭未乾的黃毛丫頭。

雖然我來不及參與 Mommy 過去精采歷史，但是慶幸往後的日子有緣相聚，這一年相處下來，看著她陪伴病人時仁慈與智慧，我簡直佩服得五體投地，讚嘆不已！

國寶天使，傳遞並落實安寧理念

安寧病房開辦後，病人漸漸多起來，但是病人住院後，家屬卻有許多不同意見與衝突，有時甚至連醫療人員也很難處理。這時候，大家就公推 Mommy 出馬。

Mommy 通常早上七點就到病房參加 morning meeting，瞭解病人的狀況，跟著醫師巡房，然後主動到病房關心照護。

聽說曾經有位一百零五歲的曾祖母級病人，因為身體不適，日漸消瘦，食慾不振住院，檢查結果是癌症末期轉移。

醫師認為開刀手術風險太高，危險大。病人也希望能夠平靜地走完最後的人生，就心滿意足。醫師與病人及兒女溝通後，決定採取保守治療與疼痛控制，不料這時候卻殺出程咬金。

有位家屬提出強烈反對，他堅持要求醫師開刀治療，希望開刀切除腫瘤後，病人就可以繼續活在人世間。

大家一問，原來是五十幾歲的長孫，他強烈堅持的態度讓醫護人員都束手無策，就連家屬都面面相覷，不知如何是好。這時候只好又請 Mommy 出面進行安撫溝通。

「你一定很愛很愛阿嬤對不對？」Mommy 到病房後，觀察病人與長孫的互動，關心地詢問一句。

「全家就我最愛阿嬤，他們都沒有像我這麼愛啦！」這位長孫聽了當場落淚。

「小時候爸爸媽媽工作忙碌，都是阿嬤帶我的，我不要阿嬤走啦！」他越說越激動。

原來長孫無法接受即將失去阿嬤的痛苦，一心希望搶救阿嬤生命，他要每天陪在阿嬤身邊閒度時光。

他一把眼淚一把鼻涕地訴說，像孩子般癱坐在椅子上，無法接受事實。

Mommy 每天去看病人，也陪伴長孫穩定情緒，慢慢培養感情，並且適時開導他：「阿嬤有你這麼孝順的孫子，這輩子真的值得啊！」

「一百多歲的人，手術開刀風險實在太大，有可能在手術台上就無法平安回來喔！」

「如果能夠遵照阿嬤的意思，讓她平靜安詳走完剩下的日子，也是完成阿嬤最後的心願。」

就這樣，Mommy 天天探視陪伴，連續一個多禮拜，這位長孫慢慢放下自己的堅持，把阿嬤接回家每天陪伴照顧，寸步不離，珍惜這輩子最後的日子，阿嬤平安多活四個月，最後在家人的環繞中安詳離世。

病人走了，長孫非常傷心，但是他超級感謝 Mommy 的陪伴開導，讓他有機會珍惜與阿嬤相處最後那些日子！

用愛照料病人大小事

前陣子，有位南部來的病人，由於妻子要照顧長輩及年幼孩子，無法陪同照料，所以他獨自一人北上做化療。

化療時持續發高燒，食不下嚥，臉色又黃又暗，一個人無奈地蜷縮在病床上。

Mommy 見狀心生不忍，每天陪伴病榻照料，傍晚就到市場挑選食材，九十幾歲高齡，一個人拄著雨傘，拖著行李箱（因為食材太重拿不動），回家慢慢熬煮。

她的說法是，生病發高燒實在可憐，家人都在南部無人可照料，而且病人需要營養才有體力抗癌啊！

她仔細挑選雞腿、排骨、高麗菜及菠菜等等，每天輪流更換菜單。有時是去骨雞腿高麗菜稀飯，有時候是排骨菠菜稀飯，精心調理飲食，美味可口。

病人在Mommy細心照顧下，慢慢恢復體力，度過艱辛的化療。後來妻子假日北上陪伴病人時，直接稱 Mommy 為「Mommy 媽媽」，緊緊擁抱，感激涕零！

還有一位年輕的癌症病人，不知哪裡聽來的抗癌知識，聽說吃太補會把腫瘤越養越大。所以每天經常吃些麵包配牛奶，瘦得皮包骨。Mommy 忍不住叨念著：「要有營養才有體力啊！」

這次她又拉著行李箱上市場買了一整隻雞，回家後細心地塗上辛香料醃製半小時，然後放進烤箱烤兩、三個小時，等到香噴噴的烤雞出爐之後，小心翼翼裝入鍋子，用保鮮膜封好，放入行李箱，然後慢慢拉著行李箱送到病房給病人吃。

不知道是餓太久，還是烤雞的香味太誘人？總之，病人食指大動，不顧一旁日夜陪伴照顧的姊姊垂涎三尺的哀求，差點把整隻雞啃光。

後來在 Mommy 說情下，他才留一小塊雞肉給姊姊品嚐，安撫姊姊快翻臉的情緒，聽她講出這些精采的過程，我常常感動萬分，這不就是菩薩慈悲視眾生為獨子的大愛行徑嗎？

看到安寧團隊這麼多志工發心照顧末期病人，完全不求回報，心中實在非常感動與感恩，就像千手千眼觀世音菩薩救苦救難一般，無緣大慈，同體大悲。我忍不住跟 Mommy 分享感動的心情。

她提到多年前帶領志工到慈濟醫院參訪安寧病房，證嚴法師稱 Mommy 為活菩薩。

「不敢當，我不是菩薩喔！」Mommy 回答說。

「這是上人對妳的肯定耶！」我說。

Mommy 每週日必到教堂虔誠做禮拜，我忍不住想，不當菩薩，當天使可以嗎？

畢竟年紀大了，身體經常有些病痛，早上看完病人，中午常疲倦地在沙發休息、打盹。有時也像尋常老奶奶一般，安靜地打打毛線或圍巾送人，廣結善緣。

當她遠遠看到我來值班時，經常會大喊：「小護士啊（有時是笨護士）【作者註】，我身體不舒服，妳趕快來幫我按摩啦！」

猶記二八年華時到醫院見習，病人常稱我們「小護士」，那是多久前的往事了！如今年過半百，還被稱為「小護士」，可見我還年輕，心裡也覺得很開心。

她有胃痛老毛病，有時候肩膀痠痛或腰痠背痛，最常見腳痠脹痛、行走不利，我好像是Mommy的專屬按摩師，她一呼喚，就馬上取出精油，依照不同部位，順著經絡緩緩按摩，每次症狀都會迅速改善緩解。

剛開始她覺得很神奇，後來每次都會稱讚我按摩手藝很讚！（這是我唯一被她誇讚的事啦！）Mommy聰明、睿智、眼光高，而且樣樣精通，能得到她的誇讚與肯定，可是一件不得了的事，簡直是無比榮耀。而且，她也不忘分享給需要的人。

有位病人因為癱瘓臥床多年，進出醫院多次。妻子日夜細心照顧，無怨無悔。有次妻子外出辦事，不知是睡眠不足或精神不濟？騎機車不慎摔車。雖然到急診照片子檢查無大礙，但是全身痠痛，躺在陪伴床上起不來。

Mommy把我喚了過去，幫這位家屬按摩。家屬覺得不好意思，萬般推辭。

「哎呀，我是把你們看成兒子啊、女兒啊，妳摔成這個樣子，自己都照顧不好，要怎麼照顧病人呢？」Mommy心急，忍不住喊著。

「妳趕快趴好，我叫這小護士幫妳按摩，看妳這樣子我好捨不得啊！她若是按摩不好，我就揍她——。」一邊對我眨眼示意。

我趕緊取出精油，拜託她寬心就定位，讓我好好服務一下。先幫她緩緩按摩背部及腰部，Mommy 則在旁關心問候，經過一番調理，竟然疼痛減緩，還能夠起床伸展身軀，她高興地擁抱 Mommy 不住稱謝，感激滿懷。

以愛之名，天使走過人間

Mommy 似乎有某種魔力，當病人或家屬情緒萎靡、慌張失措時，都會找她傾訴，有時就算 Mommy 沒講話，只是輕輕微笑點頭，就充滿神奇療癒，大家也彷彿得到某種支持與認同。

記得有位五十幾歲病人罹癌，情緒低落，每天窩在房間不講話，也不參與活動。Mommy 與他聊天後邀請他到卡拉 OK 中心走走，他看到 Mommy 引吭高歌，扭腰擺臀，與君同樂，似有所悟。

深思一番後，竟然豁然開朗，告訴家人：「Mommy 九十幾歲還能陪伴病人，活得這麼健康又有意義，我才五十幾歲而已，應該振作起來。」

就是嘛，跟 Mommy 相比，簡直就是年輕小夥子！

Mommy 擅長英文歌曲，〈Love Me Tender〉、〈Five Hundred Miles〉都是招牌歌，每次看她專心唱起這些歌的時候，臉上就有某種特別安靜祥和的神情，彷彿跌入遙遠的時空氛圍中。

深情款款的樂聲緩緩飄盪，我不忍心也不敢問，蘇格蘭紅玫瑰，內心想到些什麼，是遙遠的故土、逝去的親人？還是塵封已久的往事？

上個月 Mommy 生日，很多人私下要請她吃飯，由於太多組人馬，時間喬不攏。聽說往年都要事先預約排隊，有人要開車帶她到陽明山兜風，有人要帶她金山吃海產，有人要陪她到宜蘭泡溫泉賞夜景，慶生節目琳瑯滿目，花招百出。

還有人排不到時間，嘟著嘴大喊：「Mommy 偏心，不公平！」

今年，連我們卡拉 OK 服務組也搶不到時間，Mommy 對我眨眨眼說：「做人真難啊！」

我也捉狹對她說：「沒辦法啊！誰叫妳人緣太好呢！」

哈哈哈，原來人緣太好也是麻煩！

最近寒流來襲，穿著厚厚外套還感到陣陣寒意。

那天我縮著脖子快步躲進大樓裡，Mommy 笑意盈盈，兜頭就幫我戴上一頂朱紅色毛帽，及黃白咖啡色混搭的圍巾，溫暖又漂亮。

一時真是驚訝又感動！她究竟織了多久？我竟然毫無知覺。

連女兒都誇讚 Mommy 祖奶奶手藝厲害，顏色樣式也新穎時髦，十足流行。

Mommy 人情練達，活得精采，幾十年來幫助過的人不計其數，問她可還記得哪些人、哪些事？

她淡淡地笑：「都忘了啊！」

是啊！在主耶穌的保守下，Mommy只是盡一己之力慈悲博愛，奉獻一生。紅塵事功，一切終歸煙消雲散，只求回到主耶穌的懷抱，無愧於心！

我何其有幸，能跟在Mommy身旁當個小嘍囉，陪伴許多臨終病人走過生命最後一程，歡喜感恩，神所賜予的每個日子。

讚嘆主！感謝主啊！深深感恩，紅塵曾有這名奇女子——Mommy，以愛之名，緩緩走過人間！

【作者註】

二〇一〇年起，臺灣護理界發起「叫我護理師」正名運動，台灣護理學會也將每年五月十二日為紀念南丁格爾（Florence Nightingale）女士的「護士節」改為「護師節」。

卡拉OK．療心室

歌曲：〈Love Me Tender〉，歌者：Elvis Presley（貓王）。

歌曲：〈Five Hundred Miles〉。歌者：Hedy West。

03

／因為懂得，所以慈悲

「每次送醫院，一定住加護病房。」說起那段過去，寶媽神情平靜。

「十幾年每個月來回好幾次，病危通知單也簽收上百張，當了十幾年的家屬，看到其他病人與家屬，自然就能瞭解那份心情感受。」淡淡地像是在訴說一份隱隱心事！

寶媽常說，這一生遇到很多貴人，滿懷感恩。其實她個性豪爽，重情重義，熱心助人，朋友眾多。她才是許多人的貴人……。

第一天進安寧病房，寶媽帶我們新人介紹環境與注意事項，她體貼細心經驗豐富，讓我們安心不少。熟識後，就慢慢瞭解寶媽的精采人生。

「每次送醫院，一定住加護病房。十幾年每個月來回好幾次，病危通知單也簽收上百張，當了十幾年的家屬，看到其他病人與家屬，自然就能瞭解那份心情感受。」說起那段過去，寶媽神情平靜，淡淡地訴說一份隱隱心事！

其實一眼就看得出她聰明幹練，十足女強人。笑起來眼睛瞇瞇地像月亮般，卻又似個可愛女孩。院慶時我們一起表演節目，她跳起舞來全心投入，神情嫵媚，身段柔軟，猶似心中懷有夢想的少女般醉人！

先生送加護病房，突傳病危通知

婚前，阿爸最疼她。婚後，先生寵著她。

當年先生開印刷廠，那時候台灣經濟正起飛，業務興隆，雖然只有十幾個員工，但是先生全力打拚，承接大量訂單，經濟穩定，寶媽就當起全職家庭主婦，照顧小孩、料理家務。

然而，幸福的日子，並沒有很久。

有天半夜，先生呼吸困難、心臟不適，寶媽第一次遇到這情景，手忙腳亂地先把兩個幼兒送好友家照顧，招輛計程車攙扶先生直奔急診室。一入院就推進加護病房急救。

第一次，從醫師手中接到紅色病危通知單，心是慌亂的，手是顫抖的，大腦更是空白得無法思考。

看著先生躺在加護中心戴氧氣管，費力地喘著，她一人只能在外頭默默等待，心中還惦記著兩個年幼的孩子，漫漫長夜，無助心酸。縱然是三十幾年前的往事，卻彷彿昨日般清晰！

先生昏迷前曾經交代，當天下午必須跟客戶簽約，不能失約。其實寶媽從來沒有接觸公司業務，什麼都不懂。無奈之下，她只好硬著頭皮，如期赴約。

寶媽坦誠跟客戶說明情形，央求能否等先生清醒後，問清楚再談合作方案。她說還好遇到貴人，對方厚道，很有人情味。聽到老闆的狀況，不僅沒有為難，還給予特別通融，十分同情與諒解。對此，寶媽一直心懷感激。日子久了，雙方就變成莫逆之交！

「我永遠記得第一份合約，是在什麼情況下完成的。」寶媽彷彿跌入回憶的軌跡，緩緩訴說著。

先生清醒後，猶住加護病房戴著氧氣管，生死難料。他瞭解必須趕快教寶媽學習公司業務。迫於現實，寶媽只好拿起合約書，先生則虛弱地依內容逐條解釋，同時交代許多注意事項及公司經營細節，甚至包括死亡相關事宜與孩子未來等等。寶媽忍痛含淚，努力把事情一一地接下來。

就這樣，在加護病房與客戶間來回跑好幾次，才完成第一份合約。

一週後，先生幸運從鬼門關轉一圈，但醫師說不能太勞累。從此先生在家負責接送小孩，寶媽則每天到公司上班。往後的日子，就真的是「男主內，女主外」。

通常寶媽一早到公司忙碌，下午拜訪客戶，跑訂單、簽合約，晚上七、八點才回家吃飯。晚餐後，兩人散散步，跟先生回報白天所有發生的事情，在先生指導下，她終於可以銜接整個工作業務，扛起一片天。

寶媽感性地說，在公司如此動盪不安時，幸運地遇到許多貴人。印象最深刻的是某位老客戶訂單頗多，原來老闆與先生的父親是舊識，十分重情義，退休後將公司交給兒子經營。

原老闆退休優游林下多年，聽到她先生住院消息，特別交代兒子，無論如何必須繼續與寶媽公司合作，就算價格高一點也無所謂。除非這公司產品或信用發生嚴重錯誤，否則都要一直支持這家印刷廠，不能換其它家。

聽到這番話，寶媽內心受到深深的感動！那個年代的人，有些事情的態度與決定，真不是現在人所能理解的。

不過心臟病隨時都可能會發作，尤其在冬天。她記得某年冬天，一週發作兩、三次，而且大都在半夜。

夜半發作時，孩子趕緊找人照顧，先生送加護病房急救，吉凶未卜，生死難料。她則裹著厚厚的外套坐在病房外塑膠椅上打盹，有時實在太累，整個身子不禁倒在椅子上睡著了。

寒冷的冬夜，空曠的長廊，最常見她孤單的身影。漫漫長夜淒冷，無助慌亂的揪心，是那些日子最深刻的印記！

昔日戲談身後事，最是掛心枕邊人

有次冬夜，某位主治醫師夜半經過，看她一個婦道人家疲倦地枕著衣服，蜷縮在加護病房外的椅子上打盹，心生不忍，遂請寶媽到醫師辦公室，取出躺椅與毛毯讓她使用。

或許對那位醫師來說，只是一件小小舉手之勞，但對寶媽來說，卻是一輩子深藏心中最深的感念！

因為那一刻，她看到的不僅僅是一位醫術精湛的醫師，更是仁心仁德的慈悲之人！

日子就在家庭、公司與醫院中匆匆流逝。孩子的笑容是夫妻倆最大的支持，先生最大的願望，就是能夠陪著孩子長大。

不曉得老天爺是不是聽到他的心聲。雖然病情不穩定，時好時壞，日子不知不覺也過了十幾年。

「十幾年來，會不會覺得很辛苦？」有人問寶媽。

「遇到了，也沒辦法啊，只能去面對！沒有時間去想自己會不會很辛苦！」

那些年，先生陪伴著孩子長大，讓她無後顧之憂，內心很感謝老天爺給了時間！

她很珍惜每天兩人一起散步談心的時光，因為，不曉得哪一次發作，一口氣上不來，他就走了！

有回，先生問寶媽：「萬一哪一天我走了，妳有沒有什麼打算？」
剛開始她有點茫然，不知道該如何回應？
只是過一天算一天！未來，完全不敢想！
「我是說，妳在外面有沒有認識不錯的男人？」先生的話讓她丈二金剛摸不著頭腦！
與死亡多次交鋒，常常只是一線之隔。應該說，病危通知單也簽了上百張，彼此也不避談死亡。
因為那本來就是每個人必然的結局。

先生說，公司有個老員工，跟著十幾年，老實厚道，單身。以後他若走了，寶媽跟著他的話，相信他一定不會虧待寶媽與兩個孩子！

寶媽心裡明白，先生的日子不多了！只是，感情的事，實在無法勉強。

在寶媽眼中，他一直是個好先生、好爸爸，走到這一步，還是想著如何好好照顧她和孩子，她內心實在萬分不捨……。

心空了，該用什麼填補？

孩子高中畢業後，先生終究離開了最愛的家人，再多的不捨，也無法挽回。

雖然早知道有這麼一天，兩人也曾經多次談論死亡時會面臨的問題，甚至幫她挑選可靠的男人。可是當死亡真正來臨時，才發現，面對死亡需準備的時間，好像永遠不夠！

寶媽說，喪事辦完後，回到家，突然覺得心裡空空的。

當這個人真的不在時，竟然心裡空得不知道該如何是好？

心空了，要找些什麼來填補？

她抽空報名各種課程。比如心靈成長課、讀書會、學佛會，甚至繪畫及插花等活動，日子過得充實緊湊，忙碌了許多年。

後來有人介紹她安寧志工的訓練課程，漂泊的心，才總算落腳。

早期服務時，暑假期間，趙可式博士曾經到安寧病房指導志工兩天臨床實務，持續好幾年。趙博士嚴謹細心，親自示範許多照顧技巧，如擦澡、翻身姿勢擺位、精油按摩及美甲護理等等，在服務付出的過程中，寶媽才慢慢找到生活重心。

投入安寧工作，不知不覺也二十幾年了！從白天到黑夜，經常都可以看到她穿梭病房的身影。

記得有個末期病人半夜去世，病人的老媽媽七十幾歲，白髮人送黑髮人，哭得傷心欲絕。由於寶媽住得近，常常探望陪伴，與家屬熟稔。那夜心有所感，仍舊到醫院陪伴家屬，讓老媽媽盡情哭倒在她的臂彎。

寶媽說，她是過來人，能夠瞭解至親離開的痛！

當初先生去世後，為了完成他的遺願——栽培兩個孩子大學畢業。她一肩挑起家庭經濟重擔，不假他人。如今，終於完成先生心願，不負所托！

孩子研究所畢業，結婚生子後，寶媽也結束公司營運，全心全力投入安寧服務。雖是當阿嬤的人，依然精力旺盛、活力十足。

有時候她也會想起先生，不知道他現在怎麼樣？

如果早一點學習安寧緩和醫療實務，那她就可以幫先生精油按摩，放鬆身體。

如果，能夠早一點認識安寧，那先生是否就不會被急救到底，而能平順走完最後一哩路？

三、四十年前，安寧觀念尚未普及。內心有些遺憾，只是已經無法重來。

同體大悲，協助家屬身後事

她說，想起有個香港人，正值壯年，派駐台灣上班，因身體不適入院檢查，已是肝癌末期。

他孤身在台，住院無人照料，寶媽心生不忍，經常探視陪伴，兩人遂成好友。太太是印尼人，從香港趕來照顧，看到先生癌末也慌了手腳，而且完全不會國語，他鄉異域，處境堪憐。

或許，寶媽在她身上看到昔日自己的身影。

她每天都去探視病人，協助家屬適應環境與學習照護，直至病人往生。

病人說：「希望骨灰撒入大海，流回香港，也能到世界各地走走，不負此生。」寶媽答應會幫忙家屬，共同完成最後的心願。

那段日子，她多方奔走，協助家屬料理後事。雇好船隻，陪伴家屬一起完成海葬心願。

她說，腦海中永遠記得那一幕。

風狂浪大，船隻搖晃，他太太茫然地將骨灰撒向大海，憔悴孤單。她在一旁輕灑紅色玫瑰花瓣祝福，波浪起伏，紅色花瓣翻飛。海天蒼茫，遼闊無際。

原來，人的一生，最後，不過如此！

「只要身體可以，全力去做就對了。」寶媽如是說。

前陣子，陪伴八十歲的末期病人聊天時，提起小時候爸爸很疼他，常常帶他吃當地有名的鵝肉冬粉。

爸爸早已往生，自己也將不久人世，他想念爸爸的疼愛，也想念許久沒吃到鵝肉冬粉的味道。

下班後，寶媽走訪醫院附近的市場與店面，尋找病人想念的味道。

沿著店鋪一家家詢問，走了一個多小時，完全找不到也問不出該去哪裡買鵝肉冬粉？腳痠了，腦袋瓜突然靈光起來。

她先找鵝肉店買一盤鵝肉，再到麵店買碗冬粉，拜託老闆煮成一碗香噴噴的鵝肉冬粉。

一個多小時後，她終於完成任務重新回到病房。

「嗯，好香喔！」看著病人慢慢享用思念的味道，雖然體力虛弱只吃了幾口，但滿足幸福的神情溢於言表。

兩天後，病人走了，帶著滿滿的愛，與祝福。

這幾天寶媽好友驟失愛子，心情悲痛，哭得視力模糊。好友信奉觀音菩薩，她陪友人到緣道觀音廟參拜千手千眼觀世音菩薩。菩薩慈悲莊嚴，好友雙手合十，跪倒佛前，淚流滿面。

就這樣，寶媽一路默默陪伴，耐心傾聽，不分日夜，隨時隨地。陪伴失去愛子的媽媽，痛苦悔恨的吶喊，滿腹的辛酸及對兒子無盡的哀思……。

寶媽常說，這一生遇到很多貴人，滿懷感恩。其實她個性豪爽，重情重義，熱心助人，朋友眾多。她才是許多人的貴人！

我想，曾經流過的淚，曾經走過的苦，因為懂得，而悉化為慈悲溫柔的力量。

卡拉OK·療心室

歌曲：〈甲你攬牢牢〉，歌者：江蕙。

04

／我聽見天使在歌唱

初在醫院服務病人時，難免觸景傷情，真姐經常會想起癌症過世的爸爸，彷彿如影隨形，常常獨自默默流淚。

慢慢地，隨著服務的時間過去，她發現，幫助許多病人後，無形中也療癒了自己。走過那段與病人相互陪伴關懷的時光，也讓她度過失去至親悲傷痛苦的日子。

踏入安寧志工服務後，結識許多好朋友。感覺彷彿是前世約定好一般……。

人與人的緣分實在很奇妙，年過半百，經歷多少風雨，流金歲月也逝去大半，有些親朋好友甚至日漸凋零。

然而踏入志工服務後，結識許多好朋友，感覺彷彿是前世約定好一般，今生不約而同地走入安寧緩和志工的行列。

冥冥牽引，踏入安寧團隊志工

志工職前訓練時，第一次聽說安寧病房設有卡拉ＯＫ服務組，覺得新鮮又特別，完全無法想像會是什麼場景。而且闊別臨床十餘載，要投入全然陌生的人事，內心著實有些忐忑不安。

一切始料未及的是，進入卡拉ＯＫ服務組，遇見Mommy和真姐等好友，我們卻一見如故，彷如舊識。

真姐容貌美麗端莊，個子嬌小，秉性害羞內向，不善言語，笑起來卻風采依舊，明艷照人。尤其一開口唱歌，嗓音更是乾淨華麗，還帶一點點嬌甜。

我想，若是年輕時被星探挖掘，早早投入歌唱界，想必一定是顆閃亮的巨星！如今想來，實在是演藝圈的一大損失。

真姐是牧師的女兒，小時候每到週日，爸爸會在當地主日講道，她學鋼琴，歌聲又好，從小學起便在主日學唱詩歌，讚美主耶穌。因此報考大學時便順從父親的意思選擇念聲樂，以歌聲服侍主。

她笑著提到，其實當年的心願是報考護理系，因為內心很仰慕像南丁格爾般的白衣天使，在醫院裡照顧病人，而且能讓病人減輕痛苦得安樂，感覺上是一件很美好的事情。

只是沒想到人生繞一大圈，學聲樂的她與學護理的我，退休後都到安寧病房服務，換了另外一個方式照顧末期病人。

想起來，這可能是命中註定，也或許是主耶穌不可思議的安排吧！

至於她為何會選擇到安寧病房服務呢？說到底，還是跟爸爸有關。

一生為主服務的爸爸，八十三歲時開始覺得食慾不振，精神倦怠，身體漸漸黃疸消瘦，甚至疼痛。在醫院裡安排檢查，始終找不到病因。

後來有位醫師堅持不放棄，努力研究病情，協助做許多不同檢查，才終於找到原因——胰臟癌，一種極不容易發現，也不容易治癒的惡疾，發現時已經第四期，只能做化療。

幾次化療下來，噁心嘔吐，昏沉倦怠，體力衰退。最後住進安寧病房，神智也有些不清楚。根據病人發病前的心願，全家人在溝通協調下，一起簽下「不施行心肺復甦術同意書」。

爸爸最後走的那天晚上，打一針止痛藥，結果一夜好眠，鼾聲連連。直到凌晨五點半，黎明將至，真姐起來巡視，爸爸睡得很熟，還頻頻打呼，所以她安心地繼續睡去。不到半個小時，卻被護理人員叫醒，爸爸不知何時竟然已經停止呼吸了！

當下她驚慌得手足無措，趕快配合護理人員協助幫爸爸淨身、更換衣服，並緊急聯絡家屬親友來病房見最後一面。

面對親人驟然逝去，雖然難過不捨，但內心卻隱然有一份欣慰。因為爸爸在睡夢中走得安詳平和，臨終時沒有受到一絲絲痛苦折磨，心中深深感謝安寧緩和醫療團隊的照顧。

爸爸離開後，不知怎麼地，彷彿冥冥中有某種牽引，她也踏入安寧緩和團隊的志工服務！

剛開始，從協助住院病人到專業級百萬按摩浴缸洗個香噴噴的熱水澡。有時候會幫病人做精油按摩，緩解疼痛，不然就是茶會時，幫忙切水果、準備三明治與各項美食，讓病人與家屬有個放鬆和休閒的時刻。

後來，阿嘉組長發現她歌唱的天賦，力邀到卡拉ＯＫ服務組坐鎮。就這樣，變成卡拉ＯＫ服務組重量級的天后台柱！

熟識後，她曾跟我分享一路走來的心路歷程。

初在醫院服務病人時，難免觸景傷情，經常會想起癌症過世的爸爸，彷彿如影隨形，常常獨自默默流淚。

慢慢地，隨著服務的時間過去，她發現，幫助許多病人後，無形中也療癒了自己。走過那段與病人相互陪伴關懷的時光，也讓她度過失去至親悲傷痛苦的日子。

天后當家，卡拉ＯＫ重量級台柱

自從真姐當家後，無論是五〇年代的閩南語歌曲，如〈雨夜花〉、〈相思海〉、近代洪榮宏的〈春天哪會這呢寒〉，或者是國語歌曲，如鄧麗君的〈何日君再來〉、〈陪我看日出〉等等，她隨時都能引吭高歌。

只要她一開嗓，就是醉人的天籟。我深深覺得，能夠聽到她純淨優美的歌聲，就是陶醉在美好的幸福時光！

有時候，她也會拉著我一起歡唱，或是病人唱歌時，帶我一起伴舞，活絡氣氛。不過，臨場隨興的歌舞，往往變成群魔亂舞，逗得大家捧腹大笑，大夥兒都笑稱我倆是「阿珠阿花歌舞團」！

某次阿嘉組長將我們合唱的影像錄下來，回家後興奮地與家人分享。

女兒千千看完委婉說：「她歌聲好好聽喔，可是媽媽加入後，好像有點破壞氣氛耶！」我忍不住拿白眼瞧她。

外子更過份，看完影片後哀聲嘆道：「妳簡直是來亂的嘛！人家明明唱得好好的，妳一合唱就完了。」

家人無情的批評，害我玻璃心碎滿地。

值班時，我趕緊請教真姐歌唱技巧，想私下好好練習，一雪前恥。

她很認真教我丹田呼吸、換氣，還有一些腹式用力憋氣的方法。

比如說：「呼吸時把氣吸進腹部，憋住氣，要讓氣從肚子順著經過胸腔到顱頂產生共鳴，再從鼻腔出來，不能從胸腔喉嚨出來喔！」

說完還拿我的手去摸她小腹憋氣模樣，練習唱高音的技巧。

雖然每個中文字我都認識，也很認真做筆記，但努力練習多次，不論怎麼練唱，始終無法體會那種「吸氣入丹田，憋氣用力，讓氣從腹部經過胸腔到達顱頂產生共鳴」的唱法。

唉！不知該說是我太笨？還是中文太難懂。突然間，深深同情外國人學中文時，那種一雙筷子、一副耳環、一座山及一枚彎月的痛苦。

回家後，我不死心上網查歌，試著學歌手的唱法。練了幾遍，結果外子竟然趕緊把門窗都關起來，摀住耳朵，最後還狠心把我推到浴室，叫我在裡面練唱，免得吵死左鄰右舍，報警處理。

簡直大大傷害我幼小的心靈，為此我還負氣地與他冷戰好幾天！

無限美好人情，俱是佳人相見

因為爸爸的關係，真姐從小在教會做各項服務，除了帶領唱詩歌外，各種節慶活動、急難救助等，都必須以身作則，帶頭示範。

她提到爸爸總是以教會為主，一通電話來，就會出門奉獻服務，不論是講道探訪，或是關懷救急，甚至是幫弱勢家庭的孩子補習英文。因為爸爸不僅留學日本，還到英國求學，外語能力頂呱呱。

去年教會活動，遇見二十多年沒見面的姐妹，她非常感念當年家庭變故時，牧師急難救助，並義務課業輔導、補習英文，後來，她才有能力翻身，任教於北一女中。

爸爸已經去世十幾年了，仍不時能從別人口中聽到對爸爸的懷念與感恩，肯定一生的懿德，她也與有榮焉！

不過，她低聲說道，爸爸從早到晚都忙著犧牲奉獻、照顧別人，經常半夜返家已經很疲累了，完全沒有精力督促孩子的功課。所以兄弟姐妹的英文都很不好，因為沒錢去補習，也沒人教。

看來，當牧師的兒女，也有許多不為人知的辛苦啊！

這幾年兒子大了，結婚生子後，人生大轉彎，竟然念起神學院。所以她不僅是牧師的女兒，以後也是牧師的媽媽，未來還有可能是牧師的奶奶也說不定。

可能是基因遺傳，或是身教影響，雖說她個性靦腆，不善與陌生人講話，但是我發現她不僅善良，也有熱心的一面。

每次值班時她都會帶些零食分享，有時候知道我來不及吃午餐，也會準備些麵包或是茶葉蛋，填飽我飢腸轆轆的肚皮。

還有，我們組長阿嘉已經逾不惑之年，仍是單身貴族。她就會教導一些追女朋友的注意事項：「要對女孩子溫柔體貼一點喔！有時候可以送女孩子禮物，表示心意啊！」頗有大姊風範。

上次阿嘉拿出女孩子照片讓我們欣賞，真是「巧笑倩兮，美目盼兮」，虔誠的她不忘告誡一番：

「你不要亂來，婚前不可以在一起喔！」在一旁的我，忍不住哈哈大笑。

聽說連她兒子都回說：「媽媽，妳太落伍了！」幸好兒子已經結婚生子，兩個孫子活潑可愛，否則，還真令人擔心。

有一回阿嘉養起可愛的毛小孩，同時認識一位有毛小孩的女性朋友。女性朋友要出國兩個禮拜，拜託阿嘉照顧兩隻美麗的馬爾濟斯。可是阿嘉上有九十幾歲失智老母，下有諸多工作要照料，實在分身乏術，所以尋求真姐協助。為了阿嘉未來的人生幸福，她一口答應。阿嘉馬上把兩隻毛小孩送到真姐家。

那陣子她每天忙著照顧毛小孩的飲食、水果、洗澡，甚至清理排泄物，還有每天散步運動，忙得不亦樂乎。

那天我們五點多下班，一起去她家看看那兩隻小媒人狗狗，帶著牠們到一樓社區庭院蹓躂，並且準備錄製影片傳給那位女性朋友，以解相思之苦。

這兩隻體型嬌小、美麗漂亮的馬爾濟斯跑到一樓庭院，正巧遇見社區鄰居養的兩隻大型犬，不僅一點都不害怕，竟然對著牠們周身亂跳，狂吠不已，極盡挑釁，實在憨膽又白目，令人好氣又好笑。

當然那兩隻大型犬也不甘示弱，拚命呲牙裂嘴，不斷發出怒吼的吠聲。

一時，戰火即將引燃！

真姐拚命拉緊繩子，同時溫柔喊著：「不可以這樣喔！」、「大家要相親相愛喔！」阿嘉拿穩手機，捕捉毛小孩狂吼亂跳的身姿，專心錄影，傳給那位女性朋友。

我雖然試著幫忙安撫那兩隻跳來跳去、狂吠不已的毛小孩，但眼前可愛活潑的亂象，卻讓我忍不住笑彎腰、鬧肚疼。

抬眼四望，迷人的黃昏，綠草如茵的庭院，奔跑、對峙又狂吠的四隻毛小孩，還有溫暖的和風，無限美好的人情。

俱是佳人相見，我不禁深深感恩！啊！感謝主，哈利路亞！

永恆的歌聲，迴盪眾人心坎間

某回值班時有對子女，用大床推六十幾歲的媽媽過來聽歌。看起來是末期病人，而且有譫妄情形。

她有時候安靜、閉眼休息，有時候則顯得很躁動，看護經常試著安撫她。

兒子說因為住院期間很漫長，希望能夠把媽媽推出來外面散散心，或許可以緩和情緒。

他說，媽媽喜歡聽鄧麗君的歌。雖然病人有時看起來躁動不安，但是也有安靜的時候，我不曉得她是否能聽見我們的歌聲？

我馬上點了好幾首鄧麗君小姐的歌曲，如〈南海姑娘〉、〈我怎能離開你〉、〈初戀的情人〉、

〈我只在乎你〉等紛紛出籠。

鄧麗君的歌曲耳熟能詳，我們也盡量試著揣摩那迷人的小調，一時間，彷彿跌入懷舊時光。

有時候我會邊唱邊輕拍她的肩膀，安撫她躁動的情緒。約莫唱了一個多小時，再回頭看看她時，她突然睜開一雙大眼睛，並對我溫柔微笑。

那時候她彷彿換了另一個人般，眼神清澈、安詳溫柔，令我嚇一大跳！但是我敢保證，那時刻病人的意識和眼神，絕對是相當清楚的。

「大姐，我以為妳在睡覺呢！」我輕輕拍拍她，訥訥說著。

她竟伸出大拇指，比了一個「讚」的手勢！

「她有時候很躁動，但是偶爾是清醒的。」病人兒子說。

「妳是不是覺得我們唱得很好聽？」我開心地問病人。

有時候老王賣瓜，自賣自誇比較快啦！病人竟微笑地對著我點頭。

「我媽媽最喜歡聽〈何日君再來〉了！」這時病人女兒見狀趕快說。

〈何日君再來〉可是真姐的招牌歌，我馬上插播，請她演唱。

真姐拿起麥克風，清清嗓子，就是令人難忘的小調，我們都陶醉在她優美的歌聲裡。

「大姐，妳覺得好聽嗎？喜歡嗎？」我輕輕走到病人身旁，想再問問她。

她卻閉眼休息，待我靠近床旁時，發現在她緊閉雙眼下，眼角出現兩顆晶瑩的淚光！是真姐的歌聲太好聽嗎？讓她想起生命中某些青春歡樂的心情？亦或感動一雙兒女的不離不棄，孝順體貼？還是覺得人生盡頭，猶能領受許多人的溫厚情意，此生無憾、感激涕零？

我不得而知。

這是我第一次遇見她。也是最後一次。

迷人的小調，優美的歌聲，迴盪在我們的心坎，也輕輕飄散在安寧病房的廊間，彷彿永恆的愛，在無垠的天際，久久不曾散去！

卡拉OK．療心室

歌曲：〈春天哪會這呢寒〉，歌者：洪榮宏。
歌曲：〈何日君再來〉，歌者：鄧麗君。

05／相遇

才起個念頭，忽然感覺後腦撞到地板，大光明的螢幕緩緩縮小，最後只能看著兩位同仁，巨大的身影慢慢消失在燦爛的明亮中。

眼皮漸漸沉重，我了知即將失去意識！

那當下想到的是：「我就這樣死了嗎？」、「好像還有很多事情沒做耶！」、「若沒有死，那以後的人生，會變怎樣？躺在加護病房？插管？坐輪椅……。」

二〇二一年四月十四日是我最接近死亡的日子，也是值得感恩的時光！

緣分就是這麼奇妙。沒有早一分鐘也沒有晚一分鐘，我跟小郭的初次相遇，就這麼在上百隻眼睛見證下，轟轟烈烈登場。

十字路口車水馬龍，躺在地板上的我

那天氣候濕冷，藝術博覽會將近，白天我跟工作同仁在庫房整理畫作，換裝上架歸位和建檔整理等。

工作結束返家，已經晚上八點多，飢腸轆轆。眼看，再過個馬路就可以享受熱騰騰的美食。綠燈一亮，趕快往前跑。剎那間，感覺有團黑黑的龐然大物靠近身體，完全沒有疼痛感。然後，眼前一亮，馬上進入空中大光明裡。彷彿時間倒流。在那明亮、寧靜、祥和無邊的光明中，呈現的是當天一群工作人員在倉庫整理畫作的流程。

紀錄片無聲默默進行，我是影中人，也是觀賞者。時間無聲流逝，彷彿看了好久好久。突然動起意識，想到：「這時候，不是應該看到我這輩子的人生縮影嗎？或者是，有天使或身穿白袍全身光芒的老者，帶我到什麼特別的地方參觀嗎？是否會看到哪些奇珍異草，或金碧輝煌的宮殿庭園？為何一直看到當天在畫作倉庫的紀錄片？」

才起個念頭，忽然感覺後腦撞到地板，大光明的螢幕緩緩縮小，最後只能看著采炘和早光兩位同仁，巨大的身影慢慢消失在燦爛的明亮中。
眼皮漸漸沉重，我了知即將失去意識！
那當下想到的是：「我就這樣死了嗎？」、「好像還有很多事情沒做耶！」、「若沒有死，那以後的人生，會變怎樣？躺在加護病房？插管？坐輪椅……。」
也不知道過了多久，我竟然悠悠地醒過來。
「咦？我沒死耶！居然還活著！」
「會不會回到過去？穿越到千百年前？」心裡閃過一絲念頭。
周遭吵雜的聲音一一入耳。我試著慢慢睜開雙眼。
前面這棟建築物不正是我家！
還好！還在現代！
（電視劇看太多——）
「頭好暈！」我撐起身子東看看西看看，想搞清楚究竟身在何方？
原來我竟然躺在斑馬線冰冷的地板上，周圍燈光明滅閃爍，搖晃不已。
十字路口車水馬龍，我就這麼昏倒躺在斑馬線中段，頭部和腳部陸續有許多車輛經過，危險至極。一不小心，就有被輾斃的可能。

奇怪的是，來來往往的車輛都小心地避開我，完全沒有傷害到我。我傻傻地搞不清楚，究竟怎麼回事？

事後我才瞭解，當時路口許多熱心民眾看到車禍事故，有人趕緊打電話報警，有人聯絡救護車，有人拉著肇事者負責，更有許多人挺身而出，在我倒下的周圍指揮交通，保護安全，這條小命才能安然無恙，毫髮無傷。

真是佛菩薩保佑！謝天謝地啊！

沒多久，「咿喔！咿喔——」一聲由遠而近，閃著紅色燈光的救護車就出現眼前。救護人員把我扶到安全區休息。

我想，該打個電話聯絡家人陪同就醫。從包包裡取出電話，不過手拿著電話，卻不知道該怎麼使用？腦袋瓜一片空白。呆呆拿著手機，恍神回想著：「平常是如何打電話？」

黑暗中冷不防閃出一個陌生人，看不清頭臉，一股腦跪在面前磕頭，慌張地說：「阿姨，對不起啦！我不小心撞到妳啦！」

「阿姨，妳不要打電話叫警察啦！阿姨求求妳！不要打啦！」

「阿姨，阿姨……。」

這是演哪齣啊？他的話我聽得很清楚，但是完全無法回應，只能傻傻看著他。

大樓管理員聽到車禍事故，跑出來觀察狀況。他認得我，趕緊幫我聯絡家人。

警察來了，家人也到了。問過資料後，把我抬上救護車直奔醫院！

「還活著！」躺在救護車上，內心充滿感恩。

「南無本師大自在王佛。」趕緊取出念珠默念。

一路不間斷，慢慢地，頭腦就越來越清醒。

抵達急診室後，檢傷分類。羽絨外套和厚毛衣都磨破，全身只有手臂處一公分輕微擦傷。醫師接著安排全身核磁共振。

肇事者在警察局做完筆錄，趕緊到急診室探視我。聽說，警察大人有交代。

一見到手持念珠默默念佛的我，就喊：「阿姨，我媽媽以前也跟妳一樣，每天拿念珠念佛耶！」

我翻了翻白眼！他看起來也沒有比我年輕多少，已經把我從阿姨晉升為媽媽級！

忍不住問他：「怎麼稱呼？請問貴庚？」

他說：「我叫小郭，今年四十幾歲。」

我說叫我大姐就好，別叫老了！

（即使生死關頭，身為女人，對某些事情還是蠻計較的。）

他點點頭。

我從包包裡拿出一張佛卡送他，希望以後行車平安，不再有事故！

他親眼看著我被撞後，滾了幾圈，倒地不醒，簡直嚇壞了！現在居然對答如流，趕緊乖乖隨著我念佛號。

核磁共振檢查完畢，醫師說片子看起來一切正常，囑咐回家觀察腦震盪現象。

午夜時分，小郭就送我們平安返抵家門。

忘年之友，緣分讓我們相遇

第二天一早，小郭來電關心，並表示要買水果來看我。

因為，聽說警察大人有交代！我身體不適，不便見客隨即婉拒。

爾後，每天都接到小郭的電話關心問候，有時甚至一天照三餐打。

因為，警察大人有交代。

「大姐，呷飽未？」每次接到他電話，就會聽到南部閩南語口音：「大姐，今天身體有卡好冇？」

親切溫順的口吻，聽起來，彷彿像是遠方遊子關心家人的語氣一般。

他說很擔心我的身體狀況，每天早晚都會到附近宮廟拜拜，念佛號及大悲咒迴向給我，請神明保佑我平安健康！

某天早上六點整，還在朦朧睡夢中，電話鈴響，我以為發生什麼緊急事情，趕緊接聽。原來是小郭。

他突發奇想，很認真地說：「大姐，我覺得念佛前要先跟妳報告，這樣比較正式！這樣妳才知道我真的有念佛號迴向給妳！」

南部鄉下來的孩子，言談間透著一股質樸與憨厚。

我說不用報告，有幫我念佛就好。

他很認真表示，有報告比較正式啦！迷糊中也不曉得後來又聊些什麼。

第二天早上六點整，電話再度響起。

「大姐，我要跟妳報告，現在要開始幫妳念佛號！」

我好夢正酣，只有不斷道謝，但是，拜託他「麥勾卡啊」！

第三天，還不到六點，我就先嚇醒。

等他電話打來，我認真說：「早上六點我睡得正好，你會吵到我，中午再打就好。」

後來，他終於改回中午及傍晚問候。

家人看我每天接熱線，還打趣：「妳那個小鮮肉又來請安了！」

有天他開心地說：「大姐，妳教我唸的佛號，我唸了有感覺耶！」我嚇一跳，好奇心想，我都沒感覺，你有什麼感覺呢？

他說原本工作遇到一些奧客想殺價或瞧不起人，常會故意刁難，內心總會生氣、難過。現在遇到這種客戶時，默念佛號，怒火慢慢化散，就比較不會在意。

哇！根器真好！「直心是道場。」我都慚愧自嘆不如！

漸漸熟稔後，聊得也多了。他說小時候住南部鄉下，老師上課教的，都聽不懂，書也不會背。勉強國中畢業就到北部打工，沒讀書，找不到什麼好工作。

爸媽住在鄉下，媽媽每天都唸「阿彌陀佛」，保佑他出門在外平安順利。

他每月會回家一趟，其餘時間只能打電話問候。爸媽年紀大了，身體狀況大不如前，難免有些病痛，內心總會擔心。後來乾脆到附近宮廟，跟大眾一起做早課念佛迴向，希望神明保佑爸媽健康平安。

在急診室時，看到我持念珠念佛，就像看到媽媽一樣。

「媽媽三個月前走了，還不到百日，內心很難過。」

「現在打電話回家，也沒人接。」

「……。」

我心想，以後小郭的電話，一定馬上接。

兩年前小郭的爸爸生病住院，在加護病房住了一個月，醫師建議轉安寧病房。

他沒有概念，也沒什麼人可以商量或做決定，不知道怎麼辦？想來想去，乾脆到宮廟問神明。

（原來有這招！）

「神明怎麼說呢？」我問。

「神明說轉安寧病房比較好。」

「轉安寧病房當天，爸爸就走了！」

「不曉得這麼做，對還是不對？」

「爸爸會不會以為我不願救他呢？」

我告訴他：「你做得很好，也做得很對！」生死有命。能順利善終，就是福氣。

「真的嗎？」

「真的！你真的做得很好喔！」他彷彿鬆了一口氣。

「以前，我念佛迴向給爸媽，現在他們都走了。大姐，以後，我一輩子都念佛迴向給妳！」哇，真是足感恩耶！

緣分就是這麼奇妙，冥冥中彷彿有一條無形繩子牽引，讓我遇見小郭。

他的孝順與樸質，讓人讚嘆。

想起來，彷彿像一場夢。

每每想到，隻身躺在十字路口昏迷不醒的夜晚，許多善良熱心的陌生人主動伸出援手，挺身而出，救了我這條小命。若沒有眾人的善行，如今，我早已是香消玉殞，一抔黃土！

當時頭腦混沌，沒有當面一一致謝，現在，事過境遷，曾經幫助我的人，更無法找尋，表達心意。

「天道好還！」

想來，真的要學學古人，謝天，謝地，謝眾生！

卡拉OK．療心室

歌曲：〈愛情限時批〉，歌者：伍佰 &China Blue、萬芳。

Chapter 2

請你一定要為我好好過！

病人篇

我知道，縱有萬般不捨，千里終須一別。內心明白，此生功課圓滿，都有解脫一日。

每位病人都有自己的故事，有的像極了八點檔電視劇，有的則如靜水深流，坦然釋懷地接受眼前一切。病人與親友間的情緣或淡或濃，在最後一刻到來時，總期盼是生死兩相安，而活著的人好好過，始終是離開之人心中最深的期盼。

修行第一力是慈悲，廣度有情，利益眾生。剎那間，我好像有某種瞭解與領悟。

01 ／我只在乎你

小芳和小陳不顧父母反對的愛情，成了無法溝通的世代對立。

前兩年小芳協助小陳辦畫展，小芳裡裡外外打理，甚至私下託姊姊帶朋友收藏畫作，熱絡招呼，心力交瘁，畫展忙完，她就病倒了。

其實身體不舒服，也有段時間。一直拖到院檢查，做夢也沒想到，竟是癌症。

雖然身體承受許多痛苦，內心更是掙扎糾結。小倆口曾帶滿周歲的孩子回家，祈求原諒。然而，父母仍不願承認這個女婿……。

他們的故事，像極了八點檔電視劇，恩怨糾葛，愛恨情仇，令人不勝唏噓！

午後的陽光暖暖照在大地上，陳先生推著坐輪椅上的小芳，到公園曬曬太陽，女兒拿起紙筆在一旁塗鴉。

微風徐徐，花枝輕搖。陳先生耐心指導，不時鼓勵肯定，父女倆不知聊些什麼，笑得開心。小芳瞇著眼，坐在輪椅上，神情恬淡幸福。真是一幅幸福美滿的家庭。

一場情牽，造成兩代對立

小芳的父母不知何時已經來到病房，他們站在落地窗前，隔著透明玻璃窗，默默看著一家人溫馨的畫面。

兩人表情凝重，心事重重，什麼話都沒說。

父母是殷實的商人，事業有成。小芳和姊姊從小日子優渥。姊姊大學畢業出國念書，回台後協助爸爸管理公司業務，精明幹練。

相較於姊姊的聰明活潑，小芳顯得文靜多了。平日裡讀書練琴，逛逛書展或畫展，過著悠哉順心的日子。

那回與大學同學一起去看聯合畫展。兩人認真品頭論足一番，不知何時，畫家悄然出現在身旁。是個綁著頭髮，羞澀靦腆的年輕畫家，小陳。

作品能得到關注欣賞，對畫家而言，是莫大的鼓勵。知音難尋，兩人從莫內，聊到梵谷、高更，再聊到當代畫作，越聊越投緣。

後來，畫家每次聯展時，都會邀請小芳參觀。

小芳溫柔、甜美、氣質出眾，追求者多，身邊不乏優秀多金的男子圍繞。只是，女人，有自己的想法。

父母也曾幫她安排許多活動，認識一些家世好條件不錯的男人，可惜，小芳都無法入眼。她不是那種愛慕虛榮的人。靈魂深處，心有所屬。

小陳善良內向，雖然目前經濟能力不夠，但是相信兩個人一起打拚，有共同的興趣理想，幸福就在不遠的將來。

父母好像聽到什麼風聲，決定畢業後送小芳出國讀書。不想此時，小芳卻發現自己懷孕了！父母要求：「孩子拿掉，送妳出國！」

想到肚子裡有個新生命，也捨不得放下這段感情。不顧父母的反對，她執意要保護孩子誕生。

那日，兩個年輕人，雙雙跪在地上，求父母接納成全。

從小孝順聽話的乖女兒，竟然為了外面的臭小子，不顧父母感受，與家族的顏面，硬要生下孩子。這註定是一場無法溝通的世代對立。

除了言語爭執，還爆發肢體衝突。慌亂中，小陳拉著小芳倉皇逃離，遠走他鄉。

其實，哪個父母不希望女兒能過上好日子？從小細心呵護照顧，全力栽培各種能力的心肝寶貝，竟愛上個窮小子，還有了孩子。爸爸氣急敗壞，血壓飆高，差點中風，住院病了好幾天。

小芳得知消息，痛苦內疚，哭得好傷心。小時候，爸爸最疼她，捧在手心怕碎了，含在嘴裡怕化了。如今這般，豈是所願。她偷偷溜回家附近，遠遠遙望父母的身影。爸爸病了一場，似乎蒼老許多。回到暫租的小屋，不知又哭了幾回。

執子之手，與子偕老

日子總要過下去。小陳的經濟狀況並不好，離開學校後在廣告界服務，工作量大，待遇不高。但他醉心於藝術，偶爾也有幾張畫作參展得獎。

為了支持小陳的夢想，小芳挺著肚子找份工作，過起朝九晚五的生活。孩子出生後，日子更是捉襟見肘。

有時候，小芳也曾想過帶著小陳與孩子，回去看看父母，一家團聚。但是又擔心父母無法接受，引發爭執。

「再等等吧！」她想，或許日子一久，孩子大了，說不定父母就會心軟，能夠全家團聚，享受天倫之樂，是小芳單純的願望，也是心頭的遺憾。

現實是殘酷的。繪畫創作，有時候，除了天分與努力，還需要時間慢慢熬。雖然偶爾有作品得獎，但是，藝術市場，並不容易。

小陳繪畫投入全部的心力，有一陣子工作不如意，乾脆離職，專心畫畫。有時候，背起畫架出去遊歷，幾天才回來。

妻子默默的鼓勵支持，是小陳最大的動力。只是，畢竟苦了小芳，在家庭與工作忙碌中，漸漸耗損的青春與健康。三十歲不到，眉目間隱隱風霜。

這幾年，小陳的畫作漸漸獲得關注，某些系列也有作品被收藏。小陳不忘帶小芳打打牙祭，買些漂亮的衣服、首飾，添添行頭。

雖然日子苦了點，但是夫妻倆感情恩愛，倒也過得有滋有味。

前兩年小陳辦畫展，小芳裡裡外外打理，甚至私下託姊姊帶朋友收藏畫作，熱絡招呼，心力交瘁，畫展忙完，她就病倒了。

其實身體不舒服，也有段時間。只是環境不允許，一直拖著。入院檢查，手忙腳亂一番，做夢也沒想到，竟是癌症！

醫師安排手術切除，也做過幾次化療，整個人暴瘦一圈，體力虛弱，只能以輪椅代步。雖然身體承受許多痛苦，其實內心更是掙扎、糾結。

孩子滿歲時，小倆口曾帶著女兒回家，祈求父母原諒。然而，富貴人家顯然不願承認這個女婿，場面難堪。小陳也不願繼續委屈求全，熱臉貼冷屁股，就這麼不歡而散。

如今，得了癌症，更擔心父母哀傷的心情。想來想去，最後乾脆隱瞞消息，保守秘密，等身體穩定些再說吧。

今年初癌症轉移，雖然又做了幾次化療，但是體力非常虛弱。小芳捨不得離開先生、孩子，更不知道該如何面對父母，內心糾結不已。

曾經，為了保護孩子生命，追求幸福，離開父母，絕少往來。如今，病入膏肓，沒有康復的希望，又該如何面對悲傷的父母呢？

爸爸媽媽聽到消息，火速趕來安寧病房，爸爸神色悽然不發一語，媽媽只能不停掉眼淚。父母的心肝寶貝，被病魔折騰成這個樣子，心痛不已，自然有怨。

小陳自認沒有照顧好妻子，貧賤夫妻，甚少言語，內心有愧。

那天，我經過病房時，看見一屋子人，各懷心事，場面沉默難堪。

小芳撐著虛弱的身子強顏歡笑，試圖招呼雙方，活絡氣氛。

「唉，真是太難為她了！」都這個時候了，著實令人心疼。

我緩緩步入病房寒暄，邀請小芳到卡拉ＯＫ中心走一走，散散心。

小芳環顧周遭沉悶又尷尬，點頭答應。

一時間，架氧氣筒，推輪椅，準備各種隨身用品等等，個個忙碌起來。

到了卡拉ＯＫ大廳，大家彷彿有某種默契，紛紛使出渾身解數，希望能讓病人愉悅寬心。

或許，這是最後一場演出了。

小芳媽媽雍容華貴，氣質很好，看得出年輕時也是美女！

她抹乾淚水，首先開場，拿起麥克風，熟練地唱起〈女人花〉、〈瀟灑走一回〉等多首好聽的歌曲，看來平常是有練過的。

小芳說，想聽小陳唱歌，原先他有些靦腆，在我們的鼓勵起哄下，他挑選一首〈彩雲飛〉。

鄧麗君小姐好聽的歌曲，大家聽得如癡如醉，只是聽到歌詞「死亦無悔，歲歲年年」，著實令人感傷。小芳始終溫柔微笑注視，深情相伴。

後來，我們慫恿夫妻倆一起合唱，應聽眾要求，小芳點選了〈我只在乎你〉。

「你陪我唱。」小芳戴著氧氣鼻導管，輕輕對小陳撒嬌。

我準備好麥克風，遞給害羞的小陳。旋律響起，昏暗的燈光下，他們歌聲輕柔，四目相望，情深款款。死生契闊，與子成說，執子之手，與子偕老。
我們都感受到兩人之間深深的情意。很感動，也很不捨。
我永遠記得那一幕，小芳笑得好開心，笑得淚光閃閃，淚流滿面。
此時此刻，全家人都在，愛也在。
而她終於等到這一天，與親愛的父母、摯愛的先生女兒，闔家相聚，其樂融融，在安寧病房的卡拉ＯＫ大廳。
幾天後，小芳走了。
他們倆一起合唱〈我只在乎你〉的身影，卻讓我印象深刻，無法忘懷。
這就是他們的愛情故事，深情動人，亙久不移。

卡拉OK．療心室

歌曲：〈女人花〉，歌者：梅艷芳。
歌曲：〈我只在乎你〉，歌者：鄧麗君。

02／負心的人

某次，有位病人點唱一首〈負心的人〉，引吭高歌之際，我轉頭一看，阿美姐竟然低頭不停抹眼淚！我一時不知所措，趕緊拿衛生紙旁邊陪伴。

「怎麼了？」悄聲問她。

「想起我先生啦——。」又是搖頭嘆氣，不願再說話。

後來，我發現只要有人唱這首歌，阿美姐就會默默流淚。我就趕快準備衛生紙，一旁陪伴……。

在時間的洪流裡，有些人有些事，會慢慢遺忘。

但是阿美姐和老劉的故事，卻讓我難以忘懷。

卡拉OK時間，一起開麥啦！

阿美姐是我們卡拉OK服務組的鐵粉，每週卡拉OK時間一到，她必定參加，不僅全程參與，而且自備歌單，無需抱著厚重歌本慢慢搜尋，直接輸入編號，方便又快速。

有次我依例走進每個病房，邀約唱歌、散心，看護說她剛吃藥，睡得呼聲連連，我不忍心吵醒，讓她多睡一會，回頭再過來通知，遂繼續拜訪下一位病人。

「妳為什麼不叫醒我？」誰知她醒來後，帶著看護坐輪椅衝到卡拉OK大廳，嚴正地質問我。

「我每次住院時最期待就是唱歌時間！以後就算我睡著了，無論如何，妳都要叫醒我，知道嗎？」我打躬作揖，連聲致歉，並向她保證絕對遵命。

從此以後，時間一到，我必定先通知她，即使正巧睡得打呼，也必須喚醒她。

「阿美姐，卡拉OK時間開始囉！」

「來了！來了！」通常她會眨眨惺忪雙眼回應。

阿美姐是乳癌病患，病情起起伏伏，進出醫院十來年。坦白說，死亡通知單也發過好幾次，但是最終都能夠平安度過。

聽說十幾年前卡拉ＯＫ服務組剛成立時，她就是阿嘉組長的唱歌啟蒙老師。例如音準，換氣或節拍等，手把手指導，難怪阿嘉組長都尊稱她「老師」。

除此之外，演唱空檔，阿美姐還會告訴我每一首歌曲的故事。比如說，〈姊妹情〉是描述兩姐妹愛上同一個男人糾結的心情；〈孤戀花〉是述說失戀少女思念情人的感傷；〈海波浪〉則是環境所逼，離開親人的痛苦與思念，期待再相逢！似乎每一首歌都有耐人尋味或難忘的故事。

某次，有位病人點唱一首〈負心的人〉，引吭高歌之際，我轉頭一看，阿美姐竟然低頭不停抹眼淚！我一時不知所措，趕緊拿衛生紙在旁邊陪伴。

「怎麼了？」悄聲問她。

「想起我先生啦——。」又是搖頭嘆氣，不願再說話。

後來，我發現只要有人唱〈負心的人〉，阿美姐就會默默流淚。我就趕快準備衛生紙，一旁陪伴。

幾年下來，遇過好幾次，她才慢慢地說：「想起我先生——，他好狠心啊——。」

「想起妳先生怎麼了？」又是嘆氣搖頭，抹淚水。

「他好狠心啊——，把我丟下！」

雖然當年我還小，但是約略聽說湯蘭花小姐演唱〈負心的人〉時，慘痛的人生經歷。

眼看阿美姐皮膚白皙，明眸皓齒，歌聲清亮，說不定年輕時舞榭歌樓，追求者眾，風光一時，然而遇人不淑，情路坎坷，腦海中不禁出現許多想像畫面……。

就這樣，只要阿美姐在，我們都有默契的不唱這首歌，避免引起她傷心往事。

那日午後，涼風徐徐，不巧有位家屬點唱這首歌，我趕緊準備衛生紙陪在阿美姐身旁，她擦擦眼淚，竟然抬起頭對我說：「幫我拿麥克風。」

我愣了愣，慌忙找來麥克風遞給她。她清清嗓音引吭高歌，歌聲婉轉動人，真情流露，可謂繞樑三日。沒想到她不僅會唱，還唱得這麼好！

一曲畢，觀眾報以熱烈掌聲，我們幾位志工都跑去擁抱她。

「自從我先生走了之後，十幾年來，我第一次唱這首歌——。」她緩緩低聲說著。

「其實，他對我很好——。」

「唉，他是個好人啦！」

唱首情歌給誰聽……

彷彿跌入時光隧道，我仰頭聆聽她述說難忘的一生。

阿美姐身為長女，住在軍營附近，國小畢業後投入工作，補貼家用。十八歲那年，與同事出遊，認識老劉，軍營裡的阿兵哥。大家相處融洽，沒想到他竟託長官來家裡提親。

當年民風保守，那天晚上阿母就把她雙手捆綁起來，吊在屋樑上，拿起棍子狠狠地抽打，場面驚心動魄，亂成一團。

說起六十年前的往事，記憶猶新。

那時不流行自由戀愛，家中弟弟妹妹眾多，嗷嗷待哺。對方不僅年長二十歲，且中國來的外省人，不知根底，什麼時候會離開也說不準。反正諸多理由，父母極力反對。

不過那男人卻不死心！隔一陣子，除了部隊長官，還邀請里長及地方知名人士陪同前來提親，並準備大半輩子所有積蓄兩萬元作為聘金，誠意十足。

據說當年這筆金額，足足可以買下一棟樓房！

在眾人信誓旦旦保證下，父母終於勉強同意這樁婚事。

結婚後才知道，老劉在中國是個富貴人家，老員外娶了三房，他是三房唯一的孩子。雖然家裡吃穿不愁，但是大家庭關係複雜，紛爭多，日子並不見得好過。

老劉頭腦聰明靈活，書唸得不錯。不過，他最好奇餐桌上一道道美食，是如何變出來的？所以他常常在廚房裡兜兜轉轉，看著幾個廚師變魔術，幾年下來，竟也練就出許多拿手好菜！

退伍後，老劉在市區開家牛肉麵館，由於廚藝精湛，夫妻倆同甘共苦，生意興隆。

聽說連當時市長及幕僚行政人員，都經常來捧場。招牌菜如滷牛腱、滷牛肉及辣香豆乾等等，十分火熱，雖然辛苦忙碌，但一家也過得熱鬧滾滾。

老劉隻身來台，舉目無親，所以阿美姐的家人就是他的家人。逢年過節，他總會準備許多好吃的拿手好菜，讓全家大快朵頤。弟弟妹妹們都吃上癮，甚至還提前點菜，比如北平烤鴨、滷牛肉、獅子頭或東坡肉等等，姊夫的好手藝，不僅滿足每個人味蕾，也擄獲大家的心！

兒女長大，結婚生子，添了幾個小蘿蔔頭後，老劉便結束牛肉麵店，兩個老人家過起含飴弄孫的日子！

有時候帶著幾個孫子到公園運動，看她們在廣場打球，追逐奔跑；有時候逛逛市場，買些肉品，做些好料，打打牙祭。後來，連孫子都懂得撒嬌、點菜。

卡拉ＯＫ流行時，夫妻倆每週都帶著孫子到卡拉ＯＫ包廂內一起唱歌。老劉喜歡聽聽歌，那年頭的流行歌，曲調優美，旋律動人，〈兩相依〉、〈淚的小花〉、〈綠島小夜曲〉等等，尤其〈負心的人〉這首歌，更是每次必點的曲子。

阿美姐歌聲清亮，婉轉動人，婦唱夫隨，鶼鰈情深，這是兩人經歷數十年人生，最輕鬆歡樂的時光！

開放探親後，老劉搶先回老家走一趟。當年糊里糊塗走得匆忙，一路打仗轉進台灣，從此再也沒有見過親娘。他到父母墳前，跪在親娘墳頭，寒風中，哭得像個孩子般，捶胸頓足，嚎啕大哭，不能自己。好似將幾十年的辛酸委屈與愧疚無奈，一併哭訴！

親娘早就不在了，只有黃土一抔，矗立在荒草蔓蔓的大地上。

雖然父母已經去世，後代子孫還在。他重新修建墓園，莊嚴華麗。並出資蓋了連排三棟樓房，彼此有個照應，算是幫父親照顧三房的家族。日後回老家，也有個居住的好地方。

了卻心中大事後，老劉身體違和，發現得癌症，開刀手術和化療時，阿美姐始終陪伴照顧。少年夫妻老來伴，夫妻幾十年朝夕相處，晚年，成為彼此的支撐，濃濃的親情。

四年後癌症轉移，該做的醫療都做了，醫師說，只剩幾個月的時間！

落葉歸根，是遊子的心情。老劉事先選購一塊墓地，在親娘墳頭旁邊。從此，朝朝暮暮，永遠相依，傾訴此生無盡的思念。

世事難料，此時阿美姐也檢查出罹患乳癌，必須馬上手術。在生命遭逢痛苦劫難時，阿美姐希望老劉能夠留下來互相陪伴，兒女都在身邊，彼此有個照應。

老劉不知自己還有多少日子，想趁著體力許可趕快回去老家，成了這輩子最大的衝突與爭執吧！無論阿美姐如何埋怨、痛哭、哀傷地祈求，也沒有辦法改變老劉的決定。

登機那天，老劉哄著安慰她：「我到了那邊，或許有什麼偏方，可以醫治癌症。病一治好，我就回來陪妳，不要難過喔！」

回頭不忘叮嚀兒女：「好好照顧媽媽，我去陪我娘。」

望著老劉轉身離去的身影，毅然決絕。留下阿美姐坐在輪椅上，哭得肝腸寸斷。

一世夫妻，生離，死別。兩個月後，老劉走了！

接到消息，阿美姐日夜悲泣，哭得死去活來。

從年輕到老，這輩子最親、最呵護照顧她的男人，在她罹癌之際，狠心丟下她，一個人在遙遠的地方默默走了，而她卻看不到、摸不到，甚至無法送他最後一程。

以後，還有誰能陪她去唱歌呢？

從此，淺唱低吟，要唱給誰聽？她著實傷心了好久好久。

住進安寧病房後，因緣際會地，阿嘉組長建立每週歌唱服務。

從此，住院時有個盼頭，一群志工陪她唱歌，還收了個「阿嘉徒弟」當起歌唱老師。她不僅指導我們唱歌技巧，還會述說許多歌曲背後動人的故事，而且每次都與阿嘉合唱〈海波浪〉，抒發思念親人期待重逢的心情，然後，她就成為我們卡拉ＯＫ的死忠鐵粉！

今年過年的家族聚會，二十幾人聲勢浩大，大家都攜帶各式美食來陪伴她。只是，弟弟妹妹異口同聲，還是最懷念姊夫滷牛肉等拿手菜的好味道，她笑得好開心。

如今，〈負心的人〉旋律響起，她已經不再痛苦糾結，淚流滿面。放下對老劉的執念，相信老劉在天之靈，一定能聽得到，感受得到！

卡拉OK・療心室

歌曲：〈海波浪〉，歌者：黃乙玲、郭桂彬。
歌曲：〈負心的人〉，歌者：姚蘇蓉。

03

／約定

那一次你提到，昨天夜裡隔壁床八十幾歲的老阿嬤「走了」。

「走了？」小馬哥和我互望一眼。一般人遇到這種情況，都會害怕或覺得觸霉頭，癌末病人的你，不知心裡是否會害怕？或是不捨？抑或？

沒想到你竟灑脫地說：「她解脫了，而我還在等……。」

我想，只有真正深陷其中，求生不得，求死不能的人，才能體會那種無奈痛苦的心情吧！

我想，這次，是我最後一次來看你了！

淒厲風雨，冷冷吹著。年關將至，連醫院安寧病房也顯得冷冷清清。

一個好人，思念沙士的滋味

記得第一次訪視因緣，是大悲學苑道濟法師安排，由我和小馬哥到醫院看你。

剛開始彼此有些陌生，或許小馬哥年齡與你相仿，他聊起你們那個年代經典好看的電影，熟悉的男女主角，難忘夜市的美味小吃等等。

有許多共同經驗的回憶，打開話匣子，就漸漸熟稔起來。在許多點點滴滴的回顧中，我們也慢慢瞭解你的人生故事。雖然年近古稀，清臞臉龐仍保有年輕的帥勁。

當年父母早逝，身為長子的你，底下還有三個弟弟妹妹，所以很早便投入工作，在戲院裡擔任播放影片工作。等弟弟妹妹長大各自成家，你也錯過了婚姻。

你靜靜地說著，不是沒交過女朋友，只是個性老實又心軟，最後往往是「好人」一個。「被拿走很多錢。」你淡淡無奈笑著：「反正都過去了！」所以一直單身未婚。

提到你生病的過程，那真是一把辛酸淚。

五年前，你在路邊昏倒，送到醫院檢查，竟然是血癌。醫師說只剩六個月的日子。

兩個弟弟已經去世，只剩下一位妹妹。當時突然被告知死亡，心裡很惶恐，完全不知所措，對未知充滿恐懼！

沒想到做幾次化療後，病情穩定下來。然而體力不濟，纏綿病榻，轉眼間已經五年多了，真是漫長、無奈又辛酸的歲月。只能說往事不堪回首。

你聊了許多，雖然臥病多年，但言談間思慮清晰，心地單純厚道，仍保有赤子之心，令我感動。

「為了來看我，你們是不是七、八點就要出門？」你問我們：「天氣這麼冷，這樣我很不好意思！以後不要再來看我囉，在家好好休息，反正我住院也沒什麼問題！」

「我是老人家，睡不著，在家也沒事做，出來活動活動比較好，你不要掛心喔！」小馬哥立刻回答。

「大哥，我們有緣才會見面，是阿彌陀佛安排的緣分，道濟法師說我們可以陪你念佛喔！」我也趕緊補充道。

內心深深為你的善良與體貼感動。真是好人一個。

要結束訪視時，小馬哥問起：「臥床那麼久了，有沒有想吃些什麼呢？」

你一再推辭，不想麻煩我們，小馬哥親切的安慰：「大哥，對能活動的我們來說，只是舉手之勞，就當交個朋友嘛！」

直到最後，你才不好意思地說：「好久沒有喝到冰涼的沙士！」

原來小小的一瓶沙士，竟是你遙不可及的思念滋味。

我們立刻徵詢護理站同意，到醫院福利部買一瓶冰涼的沙士。當我們抱著那瓶冰涼沙士來到你床旁時，我永遠記得，你的笑容好燦爛！

慈悲心願，廣度有情

第二次去探望你時，道濟法師特別囑咐我們，要帶阿彌陀佛畫像及念佛機送給你。那時，道濟法師每週都會到安寧病房與病人們聊天、鼓勵和打氣，分享心情。道濟法師瞭解你的苦，你有什麼心事，也會說給他聽。

你收到我們帶來的念佛機，珍惜地抱在胸前，非常感謝師父的用心。

你說，常常覺得內心空空的，念佛機放在胸口，感覺上，有聲音，有法師的陪伴，有阿彌陀佛的加持。

你請我們將佛像懸掛在床尾，讓你能時時親近。阿彌陀佛法相莊嚴，雙手下垂，接引眾生。道濟法師交代說，你要記得牽住阿彌陀佛的手喔！

那一次你提到，昨天夜裡隔壁床八十幾歲的老阿嬤「走了」。

「走了？」小馬哥和我互望一眼。

一般人遇到這種情況，都會害怕或覺得觸霉頭，癌末病人的你，不知心裡是否會害怕？或是不捨？抑或？

沒想到你竟灑脫地說：「她解脫了，而我還在等……。」

我想，只有真正深陷其中，求生不得，求死不能的人，才能體會那種無奈痛苦的心情吧！

聊著聊著，你想到年輕時工作打拚，現在臥病多年，需要看護照顧。不僅沒有生命尊嚴，而且對社會沒有任何貢獻，活著好像沒有意義，只是拖累別人。還提到我們能到病房探視病人，關懷鼓勵，覺得很羨慕。

我想起七佛通偈的故事，忍不住與你分享。釋迦牟尼佛的弟子們互相討論佛法時，各自提出自己的修行方法。

「諸惡莫作，眾善奉行，自淨其意，是諸佛教。」彼時目蓮尊者提出他的修行偈語。釋迦牟尼佛讚許，其他弟子也依此修行。

我想每個人因緣不同。雖然纏綿病榻，但若能淨心念佛，迴向眾生，就是利益有情大眾，功德無量。你點點頭，似乎寬慰不少。

近晌午，我看你臉上皮膚乾燥脫皮，遂拿出精油幫你做一個簡單的ＳＰＡ，並噴些「淨土」噴霧劑，清香的味道，讓空間好舒暢。

幾分鐘後，你臉上就精神煥發，大家都說你變帥、變年輕。你也笑了起來。

在我專心按摩時，小馬哥有事外出，當他再出現時，手中提一個小餐盒。

小馬哥笑咪咪說著，上次你提到難忘的夜市小吃，想到許多平民美食，如刈包、蚵仔煎、滷虱目魚肚及四神湯等，現在再也無法去品嚐，神情無限嚮往。

小馬哥聽進去了，他趁我按摩時，出去買一份滷虱目魚肚，給你一個驚喜。

那一餐，我們看著你大口大口地吃了起來，稀飯配著滷虱目魚肚，吃得好開心，彷彿那是人世間最美味！

第三次，我們陪著道濟法師一同去看你。

「你晚上睡得好嗎？」師父問。

「有沒有念佛啊？」

「有念佛啊，但難免有時思想雜亂，有時也會睡不著。」你說。

你提到，有一次夢見阿彌陀佛講經，現場好多人，而你在一旁聽經，影像清晰又平和。

師父誇讚你很有慧根，並鼓勵你要繼續一心念佛，求往生西方淨土。

當天師父為你隨緣皈依，取法號為「安賜」。小馬哥和我則在一旁為你默默念佛。

從此，你有一個師父賜予的法名。

今後，「安賜」就是你重生的名字。

那天，你戴著氧氣鼻導管，呼吸有些喘。

你說年關將近，病情穩定的人都回家了，所以你必須回到安養院過年。

那時，我和小馬哥跟你約定，過年後，我們一定會帶好料到安養院看你。我們還很仔細認真地研究安養院的地圖和路線。

你提到一個人住安養院裡，許多無奈的心情，但是聽到我們要去安養院看你，顯得非常興奮與期待。

看你躺得腰痠難受，我拿出精油幫你按摩舒緩，小馬哥也趁機外出。

回來時，又帶一盒川燙鮮蚵，搭配薑絲與醬料，你笑得合不攏嘴。

你說，好久沒有吃到鮮蚵了。

最後你開心地與我們道別，約好過年後見。

世事無常，沒想到除夕前三天，師父通知我，你臨時住院。

接到消息，我的心直往下沉——。

我知道，你的病情一定有不好變化。我瞭解，有些事情，該來的還是會來。只是原先我們說好，過年後要去安養院看你的約定呢？

由於小馬哥剛好閉關中，我遂獨自前往安寧病房看你。

我想，這一次，是最後一次來看你了！

你戴著氧氣鼻導管，呼吸費力，張口大力喘氣。看到我來，對我點點頭，虛弱地揮揮手。我輕輕握住你的手，你已無法言語了。雖然體力衰弱，眼神有些渙散，但是我知道，你仍能認得出我。

「我知道你現在很辛苦，這是人生必經的過程。時候到了，要記得一心念佛，祈求阿彌陀佛接引，我在旁邊陪你念佛，不要害怕喔！」我在你耳邊輕輕說著。

你看看我，認真地點點頭。

我輕輕噴些你最喜歡的「淨土」噴霧劑安神，並取出「身心解脫大歡喜」精油，幫你按摩身體，然後坐在床邊一句一句地念起「阿彌陀佛」，一直到你平穩睡著，我才悄聲離開。

我知道，縱有萬般不捨，千里終須一別。內心明白，你此生功課圓滿，即將解脫！

衷心祝福你，蒙佛接引，往生淨土。未來世，能實現慈悲的心願，與大悲學苑法師們一同廣度有情，利益眾生。

「安賜師兄，記得我們曾經的約定喔，期待來生有緣再相聚！」

卡拉OK．療心室

歌曲：〈約定〉，歌者：王菲。

04／我想要唱歌給妳聽！

「路邊一棵榕樹下，是我懷念妳的地方……。」師父當場就認真賣力地唱起來。

平日裡常見德嘉師父著玄色海青，手執木魚，一臉肅穆虔誠帶領大眾早晚課、稱頌佛號，如今卻深情陶醉地唱起民間流行歌曲。

我腦袋瓜快速浮現起余天先生一身華服，每次唱這首歌時，五官痛苦扭曲擠在一起，以及演歌式拉長的抖音，相形對照之下，畫面實在有些逗趣突兀。這首唱畢，我們都笑彎了腰！

那年，大悲學苑舉辦第一屆安寧志工培訓，我與好友玉貞相偕一起上課。師資陣容堅強，宗惇法師慈悲謙沖，德嘉師父幽默風趣，及王浴護理長經驗豐富，讓這次的訓練課程，生動紮實，收穫滿滿。課程結束後，需實習十次才能圓滿取得證書。

首首懷舊金曲，串起人生故事

那天，德嘉師父帶我到安寧病房實習時，第一次遇見阿玉。

她是早期遊覽車的車掌小姐，先生是遊覽車司機。

先生原有個家庭，不幸老婆生病早逝，留下兩個稚嫩孩子。一個大男人既要工作還要兼顧家庭，一時慌了手腳。幸虧遇見溫柔體貼、善體人意的阿玉，幸好愛情是不講條件的。

兩人相差十來歲，當年猶年輕貌美的阿玉不顧家庭反對，毅然放下一切走入婚姻，就這樣當起兩個孩子的後母。

婚後，阿玉生個兒子，不容易啊！年紀輕輕就要帶三個小蘿蔔頭。剛開始手忙腳亂，沒有帶孩子的經驗，又擔心別人說話，偏心、苛待前妻和小孩之類的閒言閒語，人前人後難免揪心，後母難為。一路走來，想必也有不少心酸吧。

幾年前發現身體長腫瘤，她配合醫療開刀切除，電療、化療也勇敢面對。

這兩年還一手籌備兩個孩子的婚禮，看著孩子們成家立業，擁有屬於自己的幸福，了卻不少心事。

最近癌細胞卻悄悄轉移，病情不樂觀，醫師與全家開家庭會議後，她就在家人見證下，親自簽署「不施行心肺復甦術同意書」。

我們到阿玉床旁，她正和帥哥開心吃早餐。我打量著那位年輕人，估計是兒子吧，眉開眼笑，感情好得很！

「我才沒有那麼好命，人家已經結婚生子，孩子都兩、三歲了。」阿玉笑說。

原來年輕人是小兒子的麻吉，高中時經常往家裡跑，阿玉把他當自己孩子般疼惜。年輕人食量大，阿玉經常煮拿手好菜讓他們補補身體，看孩子們吃得津津有味，就覺得開心。到現在，年輕人還記得阿玉阿姨香噴噴的滷豬腳、紅燒魚，還有大塊大塊封肉最下飯，每次都可以吃好幾碗飯。尤其寒冬裡熱呼呼的香菇雞湯或麻油雞湯，更令人難忘！

大學畢業後工作幾年，自己開家公司，剛好在醫院附近。聽說阿姨生病住院，就每天買早餐送過來，兩人開心地邊聊邊吃，不知情的人還以為是母子！

「阿姨，阿政有女朋友，妳不要擔心喔！」年輕人安慰阿玉。

「不曉得他們要拖到什麼時候？我身體不好，不知道等得到，還是等不到？」阿玉淡淡笑道。

「阿姨，一定可以的。等妳出院後，我還想念妳煮的香菇雞湯喔！」年輕人安慰著。

「沒問題啦！」

年輕人離去後，德嘉師父和阿玉聊起過去當車掌小姐時的趣事，不僅和先生帶旅遊團到處去遊覽或拜拜，全省走透透，而且她很會唱歌喔！

師父說，那妳會不會唱郭金發的〈燒肉粽〉？我們一起唱看看好不好？這首歌是那年代耳熟能詳，街頭巷尾傳唱的名曲。

那陣子郭金發先生在演唱時，突然昏倒送醫不治，無常與死亡，是當時最發燒的話題。我們三人就這樣一起斷斷續續哼哼唱唱，勉強完成這首兒時記憶的歌。一曲終了，大家早笑成一堆，雖然唱得零落忘詞，但是，又何妨？

師父還提到余天的〈榕樹下〉，這也是膾炙人口，傳唱一時的歌曲。

「路邊一棵榕樹下，是我懷念妳的地方……。」師父當場就認真賣力地唱起來。

平日裡常見德嘉師父著玄色海青，手執木魚，一臉肅穆虔誠帶領大眾早晚課、稱頌佛號，如今卻深情陶醉地唱起民間流行歌曲。

我的腦袋瓜快速浮現余天先生一身華服，每次唱這首歌時，五官痛苦扭曲擠在一起，以及演歌式拉長的抖音，相形對照之下，畫面實在有些逗趣突兀。這首唱畢，我們都笑彎了腰！

雖然我們的歌聲不是很好聽，頻頻忘詞，嚴格說起來甚至經常走音，但這是我第一次看到光頭的出家師父，在安寧病房和病人一起合唱紅塵俗世的靡靡之音，突然間覺得好酷喔！

那一刻不知為何，忽然想起李善單教授曾經說過，修行第一力是慈悲，剎那間，我好像有某種瞭解與領悟。

師父藉由郭金發的猝死，和阿玉慢慢聊到無常與死亡，同時也介紹阿彌陀佛的淨土，並帶她慢慢念「阿彌陀佛」聖號。阿玉很相應，也學著默默念佛。

我想要唱歌給妳聽！

由於阿玉腿部腫脹不適，我遂取出蓮花精油，慢慢幫她按摩緩解不適。按摩結束後，她不住稱謝，直說很香、很舒服。

她說沒什麼東西送你，但是我會唱日本歌喔！妳想聽哪一首歌，我唱給妳聽。

我很驚訝，病人居然會想唱歌回報，第一次遇到這種狀況。其實我完全不懂日文，也不會唱日本歌，一時根本想不起來。

我想，其實只要她唱的歌，不管哪一首，都好聽。

「我想要唱歌給妳聽！」她說：「那以後妳想到了，要告訴我喔！」

師父說，阿玉真是善良、懂得感恩的人。

後來，我只要到安寧病房，就幫她精油按摩雙腿，所以她遠遠看到我，就會開心對我合掌稱念「阿彌陀佛」。

那陣子，聽說阿玉先生不慎跌倒，在家休養，八十幾歲高齡，身子也不是很好，難為他常常跑醫院陪伴阿玉。就算在家休養，仍天天三餐電話問候，就擔心她在醫院住不慣，一直拜託看護要好好照顧阿玉。

其實阿玉也不放心先生一個人在家，病情穩定些，就急著出院返家。

再次看到阿玉是一個多月後了。

她坐在病床上閉眼睛休息，戴氧氣鼻導管，呼吸有點喘。

「阿玉，我們來看妳，妳想不想要按摩腿呢？」帶頭的咪咪姐輕聲問她。

「好！好！」她眼睛都來不及睜開，就急著點頭說。

我幫她按摩腿部時，她開心直說蓮花精油的香氣，聞了心情就歡喜。

她還聊到這次回家，親自去辦一件重要的事！

「什麼重要的事呢？」

她取出手機，相簿裡面出現許多照片。阿玉穿一身紅色旗袍，打扮得非常漂亮，不僅上了胭紅胭脂，頭髮也整理得很有韻味。

她在家人攙扶下到女方家提親，事情進行順利，女方已經答應訂親日子。

阿玉高興表示，總算了卻一樁心事，親自完成最後的心願。

她知道病情進展，希望趁著體力許可時，親自為兒子終身大事定案，所以上次才會急著出院返家。

「妳想聽什麼日本歌呢？」雙腿按摩輕鬆後，她開心對我說。

我想了想，記得好像在電視上看過藝人演唱〈蘋果花〉。

「〈蘋果花〉，妳會唱嗎？」我說。

「當然會。」

她清了清嗓音，開口唱起來。聲音清脆悅耳，如黃鶯出谷，真是好聽，大家都讚賞不已，為她鼓掌喝采。

不過，她唱四、五句就停下來，表示最近體力不好，沒辦法唱完。咪咪姐趕忙安慰她，沒關係，等身體好些再唱喔！

這次病情似乎比較嚴重，雖然戴上氧氣管，呼吸卻越來越喘，體力越來越虛弱。

後來，她跟醫師表示，謝謝大家這段期間的照顧，希望剩下的日子，能夠回到與先生和孩子相守一輩子的家！

出院後，師父不放心，隔兩天就帶我們去家裡訪視阿玉。

先生拄著拐杖，紅著眼，為我們開門。

「她人這麼好，我真不甘啊（捨不得）……！」

那是我最後一次見到阿玉，她躺在病床上，虛弱無力，戴著氧氣管呼吸微弱。

我幫她做精油按摩，她還認得我，我知道。

「妳喜歡我幫妳按摩嗎？」我問。

雖然她眼神有些渙散，但仍兩眼注視著我，緩緩點頭，顫抖的嘴唇慢慢讀囁著：「謝謝！」

師父與我在床旁為她念佛，隨著「阿彌陀佛」佛號一聲又一聲，內心也是無限感嘆，直至阿玉漸漸地在佛號聲中悄然入睡。

老先生一直握著她的手，不停抹淚。

兩天後，阿玉走了，聽到消息，我有些失落與感傷！

這輩子，我永遠都不會忘記，曾經有一位阿玉姐，癌症末期，躺在安寧病房病床上，戴著氧氣鼻導管，用她最後生命與力量，盡力為我演唱她這一生最拿手的日本演歌——〈蘋果花〉。

卡拉OK．療心室

歌曲：〈燒肉粽〉，歌者：郭金發。
歌曲：〈榕樹下〉，歌者：余天。
歌曲：〈蘋果花〉，歌者：楊燕。

05

／寶貝，對不起

「看看她還有沒有想做的事？想完成的心願？就陪她做吧！」那天傍晚，主治醫師查房後，對家屬說。

家人與護理長婉轉地探詢小卉的口氣，她眼眶一紅，心裡知道，時間可能不多了。

住院這幾個月來，先生與妹妹每天下班後都會來陪伴她，然而心中最想念的所在，還是與先生、女兒共同居住多年的小屋吧！

「想回家看看……。」她悠悠訴說著，眼神卻渙散地飄向遠方。

每次走入小卉的病房，心中就有無比痛心與不捨。
小卉個性溫柔善良，單純又熱情，比我大兩三歲，孩子年齡也相仿，若不是癌末轉移離世，我們會是一輩子的好姊妹！

返家之行，陪她一段

這陣子，癌症轉移到腦部，顱內壓升高，頭痛、噁心嘔吐不斷，有時昏睡，偶爾也會意識不清，答非所問。身體越來越虛弱，經常只能躺在床上，連翻身的力氣都沒有。
小卉平日最喜歡精油按摩，床旁桌擺了幾瓶黃色或紅色的精油，造型高雅迷人。每次去看她時，常常幫她用精油按摩身體。
我記得她最喜歡那款粉紅色「聖蓮花精粹油」，肩膀和背部輕輕按摩時，全身細胞彷彿隨著香氛輕鬆和諧。
有時候，看她睡著了，我就坐在床旁念佛，陪她一段。
我們都笑說，整個安寧病房，就屬她的房間最香了，馨香溫厚，即使只從門口經過，都能聞到淡淡清香，讓人緊繃的身心獲得安定和諧的能量。
「看看她還有沒有想做的事？想完成的心願？就陪她做吧！」那天傍晚，主治醫師查房後，對家屬說。

家人與護理長婉轉地探詢她的口氣，她眼眶一紅，心裡知道，時間可能不多了。住院這幾個月來，先生與妹妹每天下班後都會來陪伴她，然而心中最想念的所在，還是與先生、女兒共同居住多年的小屋吧！

「想回家看看……。」她悠悠訴說著，眼神卻渙散地飄向遠方。

家屬傷心地趕忙聯絡救護車接送事宜，我也臨危授命，全程參與這趟難忘的返家之行！

第二天，我提早一小時到醫院，發現她已經坐在床上等待，像個興奮的孩子期待過新年領紅包一般，兩頰紅潤，雀躍不已，還開心地擦了口紅，顯得精神奕奕。

聽說一大早就催著看護準備用具，不要耽誤時間，全身擦滿香香的精油，非常期待與慎重，著實讓人心疼。

救護車沿著市區緩緩行駛，過了關渡大橋，就可以看到觀音山和淡水河。小卉的妹妹在前座帶路，我坐在她旁邊，除了密切注意生命徵候，還隨時路況轉播，充當臨時導遊。

雖然她帶著氧氣鼻導管，一路顛簸，但仍開心地像個孩子般，叨叨絮絮地跟我分享許多心情故事。

從甜蜜的戀愛時光，小倆口騎機車遊賞陽明山夜景，胼手胝足創業歷程，幾年來的積蓄及貸款購買現在遮風擋雨的房子，陸續添購的家具，先生出差帶回來珍貴的首飾珠寶，甚至面對觀音山大片落地窗……，一一都是她難忘的記憶。

尤其女兒出生那幾年，最是辛苦！孩子瘦小，身形羸弱，照顧不易。

聽說餵母奶的孩子長得壯，雖然漲奶難受，她仍努力熱敷、按摩，每天親自餵母奶，不敢假手他人。

聽說大骨頭熬湯對孩子很補，她就每天上街採買新鮮的大骨頭，回家熬稀飯，一瓢一瓢慢慢地餵入孩子的小嘴。

聽說要給孩子補充維他命、鈣、魚肝油，她就一瓶一瓶買回來，早晚盯著孩子吃營養品，期望孩子就像電視廣告上那個可愛的小孩般，頭好壯壯。

孩子大了，喜歡畫畫，學校下課，她就背上用具與畫架，陪著孩子一起去畫畫。

孩子喜歡溜冰，她坐在溜冰場，當個最稱職的觀眾，並隨時回報鼓勵的笑容，與熱烈掌聲。

孩子喜歡游泳，她也一起換上泳裝，在水中漂浮，雖然難免喝了些鹹鹹的海水。

母女兩人感情超好。

每到假日，兩個人像姐妹花般攜手出遊，看電影、逛街瞎拼、吃美食等，享受幸福的快樂時光！

她說，女兒是這輩子最大的寶貝。

想像中，當女兒找到幸福，穿上一身白紗時，莊嚴的婚禮上，她將會是那個最開心驕傲，也最心疼不捨的人……。

愛戀摩娑，幸福人生的印記

抵達社區門口時大約三點鐘，陽光正艷，我用輪椅推著她，進了電梯，抵達家門時，她眼睛都亮起來了，興奮地四處張望，情緒一時激動起來。

家人先陪她到佛堂問訊，佛像端坐莊嚴，旁邊還有「明鏡世界月智如來」佛幡，清淨光明，一切相好。

「南無本師大自在王佛。」我們恭敬合掌上香，縷縷輕煙裊裊上升，熟悉的檀香味漸漸瀰漫開來。

若非病魔摧殘，該是幸福和諧的家庭！這就是她心頭懸念的味道嗎？只是，無常迅速，誰又能躲得過生死輪迴呢？

「我想到房間看看。」

「那時候好年輕啊……！」先生嚴謹木訥，體貼地推著她進主臥房，看著懸掛在床頭的結婚照，她忍不住笑說。

「是啊……。」

「怎麼一晃眼二十年，就這麼過去了？」

順著床沿，她慢慢地東摸摸、西摸摸，櫥櫃裡滿滿的漂亮衣裳，梳妝台上瓶瓶罐罐，珍貴的首飾項鍊，看得出先生對小卉的疼愛。她無限愛戀地摩娑這許多幸福人生的印記。

「看看孩子的房間吧！」女兒房間的家具與案頭擺設，都是小卉的精心規劃，她一一訴說各項物品的故事與來歷。書桌上還有女兒未完成的畫作，她忍不住拿起來細細撫摸，似乎回想起許多過去的記憶，那些陪伴孩子成長的日子。

回到客廳，先生把落地窗窗簾拉開來，夕陽漸漸西下，暈黃的光彩倒映在河面上，漁船點點，對面觀音山上也已經出現閃閃亮光。

小卉看著如此美景，笑得好燦爛！笑著笑著，眼中卻慢慢充滿了淚水……。

「好美喔！」

「我下次還看得到嗎？」

平日裡先生工作繁忙，夜晚時分常常是母女兩人靜靜坐在窗邊，欣賞美景，或閒聊，或看看書、陪孩子畫畫，有時候，幫孩子按摩按摩肩頸，舒緩壓力，一幅歲月靜好。

「以後啊，要聽爸爸的話……。」窗外夕陽的光芒漸漸暗了下來，小卉握著孩子的手，忍不住輕輕叮嚀著。

孩子含淚抱著她，點點頭，臉卻埋得低低。

「寶貝，對不起，我只能陪妳十八年……。」小卉此時早已淚流滿面，不禁深情地擁抱女兒，哽咽說著。

我慢慢背過身，輕輕擦拭眼角的淚水。

實在無法想像，換作是我，那是如何的心如刀割？是怎麼樣的一番煎熬！

「老公，我愛你！」小卉抬頭看看先生，似乎深怕再不說，就永遠來不及了，大聲對他喊話。

簡單的一句話，卻是身為妻子，最後最深的告白。

那個嚴謹木訥的男人，望了小卉一眼，眼眶一紅，呆愣幾秒，傷心欲言又止，紅著臉低下頭，無法言語。

或許，此時無聲勝有聲。一個大大的擁抱，就是最好的回應。

回去的時間到了，我陪著小卉坐上救護車準備回醫院。車子離開社區大樓後，卻聽見小卉隱隱的啜泣聲，而且，越哭越大聲。

「小卉，妳一直期待能和先生孩子回家裡看看，今天完成這個心願，妳開心嗎？」我輕輕問。

「我是非常開心啊！可是……，我覺得，這是最後一次……，最後一次的生離死別了！」她哽咽斷斷續續說著。

「等妳身體比較好，我們再陪妳回家喔。」我和妹妹對望一眼，心虛安慰著。

「我知道，我已經沒機會了……。」她卻一逕傷心哭著。

話一說完，她索性放聲大哭，無法自已。就讓她哭吧！

痛徹心扉的哭聲，迴盪在顛簸的路途中。我也只能握著她瘦弱的手，一路默默陪伴。

回醫院後，小卉清醒的時間越來越少，昏睡的時間卻越來越多。

有時候就算醒著，也常說一些別人聽不懂的話。比如說看到以前去世的長輩或朋友，或是夢見一些沒見過的特殊景象。

後來，沒多久她就陷入昏迷。

某天早上，我接到家屬傳來的訊息：「感謝大家的照顧，小卉平靜走了！」

我默然無語，內心明白，以後再也沒機會陪她走回家的路了！

每次車子經過關渡大橋，看見美麗沉默的觀音山，不自覺就會想起小卉泛淚的燦爛笑容，也會想起她最後深情擁抱孩子的那一幕，耳畔彷彿依稀響起她溫柔的話語：「寶貝，對不起……。」

卡拉OK．療心室

歌曲：〈想要跟你飛〉，歌者：鳳飛飛。

06／一個人的婚紗照

以前的小宇總認為，有些事以後有機會再說。

不過，隨著病情進展，漸漸地，心中有某些明白。與其等待未來有個疼愛自己的人，不如，趁著年輕歲月，為自己留下美美身影，永恆的紀念。

她說，穿上白色婚紗那一刻，心中充滿了無盡的感動。

看著她眼睛閃爍的淚光，我也感動莫名，那個屬於小女孩的憧憬與浪漫……。

今天是西洋情人節，到處瀰漫鮮花、巧克力及美食的幸福氛圍，不少好友臉書也貼出放閃的甜蜜照片，羨煞不少人！

病房裡人來人往，午後淡淡陽光，透過明亮的落地窗，撒入許多溫暖。向日葵美少女小宇斜臥床上，也跟我分享許多美美的婚紗照。

一路風雨，始終作陪

小宇是家中的獨生女，四歲那年，父母離異，她跟著媽媽住，幸而外婆和阿姨都很疼她，讓她擁有許多愛，也學會關懷與付出。

為了家計，媽媽必須拚命工作賺錢。所以，放學後，她常常一個人寫作業，守著屋子漫漫等待。當然，心裡頭也很羨慕隔壁鄰家昏黃燈光下的晚餐，與手足間溫馨熱鬧的笑語。有時候，等到媽媽下班回家，只能看到她香甜的睡臉了！

與媽媽相依為命的日子裡，孝順乖巧的小宇，默默獨自承受許多孤單與寂寞，從來沒有抱怨。她明白，媽媽是辛苦的。

只是，小小心裡藏著小小的願望，期待未來的日子，能有一個疼愛自己的先生，及可愛的孩子，即使一路風雨，也始終有人陪。

大學畢業後，如願進入大公司服務，小宇努力學習，戰戰兢兢，博得老闆與同事信任與肯定。

翌年，正想發揮理想大顯身手，卻突然發現，胸部有硬塊。檢查報告顯示，是乳癌第二期！怎麼會這樣？還這麼年輕！一切，彷彿從雲端掉到地獄。

震驚、憤怒、生氣與傷心……，她都如實走過，只是抹乾了淚水，當時那個徬徨無助的女孩，只有唯一選項，勇敢面對。

為自己披上白色婚紗

經歷手術、化療和電療，她咬著牙挺過來。心情幾經衝擊轉折，樂觀堅強的她，現在竟也能淡然微笑，視「癌症」為上帝化了妝的祝福！

最近，癌症轉移到骨頭，造成痠痛無力，她只好又住院治療。所有的擔心不捨，反倒全寫在媽媽臉上。

那天，好友幫小宇錄製一段「說繪本故事」的影帶，她頂著自己笑稱「奇異果光頭」入鏡，希望能鼓勵其他同樣生病的人，拋開憂鬱煩惱，勇敢面對。

影片中，她頭腦清晰，口條極佳，說起故事，生動活潑，而且，聲音溫柔動聽，真是好療癒喔！

以前的小宇總認為，有些事以後有機會再說。不過，隨著病情進展，漸漸地，心中有某些明白，與其等待未來有個疼愛自己的人，不如，趁著年輕歲月，為自己留下美美身影，永恆的紀念。

她說，穿上白色婚紗那一刻，心中充滿了無盡的感動……。看著她眼睛閃爍的淚光，我也感動莫名，那個屬於小女孩的憧憬與浪漫。

所以，那個溫暖的午後，燦爛的光影中，不論是小露香肩，抑或是回眸一笑，一個人的婚紗照，都是如此溫柔堅強，勇敢而美麗！

卡拉OK．療心室

歌曲：〈走在紅毯那一天〉，歌者：彭佳慧。

07 / 暖流

「癌症治療是一條這麼漫長的路，一路走來，內心其實是孤單的。若是有人在旁陪伴著，或一起行動，就比較不會寂寞、孤單。」小宇說。

「我也可以陪妳理光頭喔！」在旁邊一直安靜無語的媽媽，突然開口說。

「大姐，妳要陪小宇理光頭？」擁擠的捷運上好像突然安靜下來，周遭默默投來關注的眼神。

媽媽還提議，到時候要將母女兩人光頭照片貼在臉書上，公告大家。而且還可以變換不同的頭巾或花樣，分享給網友們，看看哪一種比較好看……。雖然是寒流來襲的夜晚，卻深深覺得，陣陣暖流流竄全身！

寒流來襲，已近黃昏，順著擁擠人潮踏上捷運站階梯時，聽到有人叫喚我：「瑪莉亞！」循聲回頭望去，捷運站旁斜坡過道上，小宇坐在狹小輪椅上，媽媽則努力地推著輪椅，肩膀還背個大背包，緩慢又吃力。

病房中的笑語

小宇薄施胭脂，戴銀白晶亮耳環，套件米白色毛衣和長裙，項間一條精緻秀氣的項鍊，整個人顯得高雅大方。

今天小宇回醫院門診取藥，這陣子因為脊椎越來越痛，已經無法站立，所以只好坐輪椅活動。「簡直像鬼一樣！」平常居家身體疼痛時，經常像蟲一樣捲曲起來，有時甚至蓬頭垢面，形容枯槁，完全下不了床，她竟這樣形容自己。

想到今天要看賴醫師的門診，心情很開心。所以特別精心打扮一番，希望讓醫師看到一個漂亮有精神的女孩。想起以前在醫院門診服務時，經常看到老一輩的長者，尤其是女性。看門診時經常會特別打扮一番，梳理穿戴比較正式，隱然有一種傳統上對醫師的尊重。

小宇則說，看到醫師就好像看到親人一樣，溫暖體貼，常常為她鼓勵打氣，希望他看到打扮得漂漂亮亮、笑容滿面的病人，也會很開心！

「要是我女兒像妳這麼漂亮就好了。」每次醫師看完診後，經常會誇讚小宇打扮得很有型或很漂亮。

「妳怎麼這麼會生，生出這麼漂亮的女兒！」有時也會轉頭對媽媽說，幽默逗趣的話語，常讓她們哈哈大笑。不過，小宇也會提問：「為什麼我這麼年輕就得乳癌呢？」

「可能是上天的意思，不然，我們一起來禱告吧！」醫師解釋完醫療問題後，溫柔地說。

「為什麼我化療後，這麼快轉移到骨頭呢？」今天小宇就問。

「接下來還要怎麼辦？」

醫師安排住院及化療計劃後，又寬慰地說：「妳知道嗎？那是因為老天爺說妳長得太美了，聰明又漂亮，所以啊，祂忌妒妳了！」

「每次看醫師的門診，都有一種回到家的感覺，雖然知道病情不樂觀，但是醫師也很努力在想辦法了，還經常逗得我們開心哈哈大笑！」小宇邊說邊笑。

我和她媽媽在一旁聽小宇描述得活靈活現，也捧腹大笑，直不了腰。可是內心卻慢慢流盪著溫暖的感動。醫療學識，或許來自課堂上的努力學習，精湛技術，也可能來自臨床上的豐富經驗，但是溫厚體貼與細緻的善意，卻是來自一位仁者堅持的初心啊！

生病之後，有段時間必須臥床休養，無聊之餘，小宇開始經營起粉絲專頁，由於特殊人生經歷，慢慢有廣大的粉絲群。

她經常在網路上分享自己生病經驗以及內心感受，有時貼出旅遊美食的照片，有時則貼出化療時身體不適的照片，希望鼓勵相同經驗的人，能夠正向思考，勇敢面對病魔。

在別人的需要，看到自己的同理

有次她在粉專上提到生病辛苦，希望能夠找工作或增加收入，因應醫療支出。

碧姐知道後，不僅請她吃美食，開車出去兜風，還多次運用人脈，邀約小宇到學校演講，分享抗癌經驗與艱辛過程，不僅增加收入，也感動鼓舞許多還活在夢幻中的學生。

上次住院，她腰椎骨頭疼痛不適，怡君老師特地致贈美麗鮮花與松露精油探視，她受寵若驚直呼：「擦了真的好舒服。」

文莉則帶來「淨土」噴霧劑，清香宜人，讓她在住院日子能夠享有舒適好睡眠。

最近小宇手機故障，但身體疼痛無法出門，所以好長一段時間沒有看到粉專發布訊息。

後來身體稍微恢復，她自己努力推輪椅到通訊行修手機，不過，平日短短距離，坐在輪椅上，卻是漫長辛苦的過程，也讓她發現無障礙空間對輪椅患者的重要性。

不平則鳴，她把這段經驗貼上臉書，結果有位陌生女網友竟然私下聯絡她。網友說自己有兩支手機，都是全新的，放著也是放著，不如就送給小宇。

她起先嚇一跳，可是又不忍拂逆對方的誠心善意，就默然接受。

「世上怎麼會有這麼好的人呢？我實在是太幸運了！」小宇感嘆地說。

「是啊，真是體貼善良的人。因為妳也是善良又勇敢的人吧！」我說。

素昧平生，能在別人的需要，看到自己的同理，願意付出行動，就相當令人感動。

雖然我不認識那位陌生網友，但也因為聽到這件事而覺得開心，衷心期待，人間處處有溫情。

讓我陪妳一起理光頭！

門診時，醫師表示會安排住院，再做一次化療，或許，這是最好的辦法。

「也就是說，我必須再次理光頭！」小宇表示。

其實理光頭對她來說已經不稀奇了。

記得第一次做化療，那時候還留著茂密秀髮，實在捨不得把頭髮剪光。心中暗忖，聽說有人做化療頭髮會掉很多，也有人不會掉髮，或許，我會是幸運的那個！

懷著這種僥倖，化療前仍舊按兵不動，因為美麗年輕的女孩，實在不敢想像自己光頭的樣子。

可是現實畢竟是殘酷的！化療後每天早上起床，枕頭上就掉滿許多頭髮，梳頭髮時也是大把大把的掉，看了心情難免鬱卒，照照鏡子，整個頭只剩下稀稀疏疏幾根毛髮，心一橫，乾脆一次剪掉三千煩惱絲，光頭算了！

擔心光頭出門嚇到路人，小宇買了幾頂假髮及帽子，還有一些漂亮頭巾，可以輪流變換造型。

療程結束後，正好是夏天，戴假髮非常悶熱。雖然公司有冷氣，但天天頂著假髮，時間一長，著實難以忍受。那天她鼓起勇氣，毅然拿下假髮，頂著光頭上班，全公司人都嚇壞，以為發生什麼大事，紛紛來關切。

「怎麼了呀？心情不好嗎？」

「怎麼突然想不開呢？」

「失戀了嗎？還是遇到什麼事？」

「說說看，我們一起想辦法！」

在眾人高度關心下，她才吐露消息：「因為癌症化療！」

大家驚愕不已，極度疼惜她年輕生命辛苦的遭遇，紛紛伸出友誼之手，默默支持陪伴。那個長長的夏季，她就頂著光頭到處跑，做了一次真實又隨興的自己！

小宇提到曾經看過一則臉書訊息，有個小孩因為癌症化療必須理光頭，內心無法接受，非常自卑。班上同學知道後，全班陪他一起理光頭。

單單想到幾十位孩子一起光頭畫面，及光頭下燦爛的笑容，就覺得很動容。

還有一位乳癌病人接受化療，先生也陪她理光頭，那張夫妻光頭的合照出現在臉書上時，讓她覺得好感動！

「癌症治療是一條這麼漫長的路，一路走來，內心其實是孤單的。若是有人在旁陪伴著，或一起行動，就比較不會寂寞、孤單。」小宇說：「這種陪伴，是很重要的支持！」

「我也可以陪妳理光頭喔！」在旁邊一直安靜無語的媽媽，突然開口說。

「大姐，妳要陪小宇理光頭？」我嚇了一跳。

擁擠的捷運上好像突然安靜下來，周遭默默投來關注的眼神。

「我的孩子都病成這樣了，叫我理光頭也無所謂啦！」

「如果我陪她理光頭，女兒心情比較安定的話，我也甘願！」

「就像光頭貝蒂一樣，也很好看！」

媽媽還提議，到時候要將母女兩人光頭照片貼在臉書上，公告大家。而且還可以變換不同的頭巾或花樣，分享給網友們，看看哪一種比較好看。

真是勇敢而堅強的媽媽，偉大的母愛，包容一切，無所不能。雖然是寒流來襲的夜晚，卻深深覺得，陣陣暖流，流竄全身。

卡拉OK・療心室

歌曲：〈愛的可能〉，歌者：葉蒨文。

Chapter 3

致我最親愛的，家人

家屬篇

面對親人的離去，思念不曾停止，人痛我痛。由於曾經走過這一段喪親的哀傷痛苦，遇到其他相同情境的人，容易產生同理心情，默默陪伴。

家屬們大多都有自己切身的心痛，因為思念的延續，默默展開行動，主動投入助人的行列，化小愛為大愛。

無緣大慈，同體大悲，在紅塵十里中，默默付出，一路相伴。臨床上許多志工無私付出，共同見證一場場思念的延續。

01／媽媽的手

父親曾說：「如果我得了癌症，就切腹自殺比較快！不要拖得那麼可憐。」

當時村莊很多人陸續得癌症，大家懷疑是農忙時噴灑農藥造成。由於當時資訊不普及，天氣又悶熱，灑農藥時很少戴口罩。

碧姐擔心病情，常常回台東看爸爸。有次，她發現爸爸床底下藏了一把武士刀，想起爸爸曾經說過的話，內心就難掩憂傷。每次回家，總是特別留意，那把武士刀是否安然存在？

只是沒想到幾年後，竟換媽媽住進加護病房……。

七〇年代的後山，是什麼模樣呢？

相傳那時候許多人懷抱黃金夢，蜂擁來到台東淘金，也有人相偕開墾荒地，一時，人潮聚集，盛況空前。

後山尋夢，就此落戶生根

碧姐的父母也跟著人群，從苗栗苑裡來到後山尋夢。

他們搭建幾處茅屋遮風避雨，雖然淘金夢碎，倒是在後山開墾荒地，慢慢種植許多稻米蔬果，孩子呱呱落地後，食指浩繁，屋前屋後又畜養雞鴨牛羊，好不熱鬧！

回憶兒時，永遠有忙不完的家務與農事。

放學後養雞鴨剁豬食，揀乾材煮飯等等，假日則到田裡除草打雜做零工。秋收時，金黃色的稻穀，飄散的稻芒，更是刺得全身奇癢無比！看著其他同學結伴出去遊玩、烤肉，內心只能偷偷羨慕。

孩子眾多，養活一家大小已經不容易，遑論讀書！而且，在那個重男輕女的年代也不許可。

除了碧姐，其餘兄弟姊妹小學畢業或國中畢業，就必須賺錢幫忙養家。

說來也是幸運，喜歡讀書的她才能順利升學。聽說，當年她是整個村莊極少數考上高中的女生，那時候鞭炮應該放了好長一串吧！

雖然努力節衣縮食，可是每次到繳學費時總是湊不足。碧姐懇求爸爸讓她繼續讀書，並保證以後一定會努力工作，賺錢回報。

那年代，窮苦人家的孩子想繼續升學，真是不容易。

每到開學日，晚飯後，媽媽都會牽著她的手，走了約兩公里長長的石子路到村長家借錢。小路沒有路燈，夜色迷茫，蟲聲唧唧，不遠處還會傳來陣陣狗吠聲。

牽著媽媽的手，走過漫漫石子路，是求學生涯中印象最深刻的事。

村長是當地首富，仁厚慷慨，聽說有良田數十甲，村民任何急難都會跟他借貸。

「畢業後來當我家媳婦好了。」碧姐乖巧可愛又優秀，甚得村長喜愛，村長夫人甚至對她說。

想起當年這件事，她說：「那時候實在太害怕務農，農事永遠做不完，想到村長家良田數十甲，嚇得腿都軟了！只好託辭年紀還小——。」

誰知道，後來村長兩個兒子都有很好的發展，兩位媳婦根本不需下田農務。一個是董事長夫人，一個當了官夫人，真是始料未及啊！

從填寫志願書，到簽下「不施行心肺復甦術同意書」

碧姐笑笑說，這都是命吧！

碧姐婚後在北部定居，利用閒暇進修，大學、研究所畢業後，也在學校授課。後來，有一陣子爸爸身體不適，到醫院檢查，醫師說是肝癌，需住院開刀治療。

家人一下子亂了陣腳，大家都說碧姐書讀得多，一切交由她決定。所以住院開刀時，所有治療與填寫志願書，都是碧姐包辦簽名。

那時候整個村莊很多人陸續得癌症，爸爸平日也會一一探望親友。

三、四十年前的癌症疼痛，並沒有適合止痛藥物控制，所以病人回家後疼痛不已時，哀號哭泣，輾轉病側，求生不能，求死不得，悽悽慘慘。

每回爸爸探視親友返家後，心情低落，想想，不知何時會輪到自己。

「如果我得了癌症，我就切腹自殺比較快！不要拖得那麼可憐。」他曾這麼說。

或許眾人一一發病，大家懷疑可能是農忙時噴灑農藥造成。由於當時資訊不普及，天氣又悶熱，灑農藥時很少戴口罩。

碧姐嘆口氣：「其實曠野無邊，風向亂飄，戴一層口罩也沒有足夠保護作用。」或許，每個行業，都有潛藏的辛酸與無奈！

碧姐擔心病情，常常回台東看爸爸。

有次，她發現爸爸床底下藏了一把武士刀，想起爸爸曾經說過的話，內心就難掩憂傷。

每次回家，總是特別留意，那把武士刀是否安然存在？

幸好後來醫療進步，病情控制得宜，一直沒有派上用場。

只是，不知何時，武士刀旁邊，又多放一罐農藥！

她內心驚懼不已！爸爸在世最後兩年，那把武士刀，及一罐農藥，是碧姐心頭最大的噩夢。想到當時癌症病人處境艱難，床底下竟然藏著武士刀和農藥，就覺得非常不忍。

隨著病情進展，一年後，爸爸的病情已經進入末期。醫師向大家解釋何謂不做侵入性急救措施，讓病人善終最好的方式。

家族討論後，一致決定簽署「不施行心肺復甦術同意書」，讓爸爸順利好走，並公推最會念書的碧姐執筆簽名。

碧姊回想當時看著意願書，心如刀割，幾度簽不下去。彷彿，自己是那個殘忍的劊子手！一筆簽下去，爸爸將永遠沒有繼續活下來的希望。

眼睜睜看著爸爸從氣喘不過來，到陷入昏迷，與死神拔河。

「爸爸會不會責怪她呢？」

「這麼做，到底是對，還是錯？」幾度泣不成聲，內心糾結不已！

最後，伴著溫熱的淚水，才簽下「不施行心肺復甦術同意書」。

薄薄的一張紙，淚痕未乾。這件事，一直在她心中落下很深刻的印象。

爸爸安詳平靜走了。午夜夢迴，想到當時簽意願書的情景，與思念心情，就熱淚盈眶，彷彿，自己是劊子手一般！

這份煎熬，一直到就讀生死學研究所，在老師循循善誘下，才釐清概念，慢慢釋懷。不過，那已經是許多年以後的事了！

幾年後，媽媽住進加護病房。戴著氧氣鼻導管虛弱地喘息著。碧姐再次面臨生離死別，心痛不已。

她永遠記得，為了支持女兒讀書的夢想，每學期，媽媽都會牽著她的手，摸黑走一個多小時石子路，卑微地跟村長借錢的往事！

「我還不想死啊！」那日，在病房裡，媽媽流著淚，訴說內心的害怕與不捨。

「如果我走了，以後，阿賢要怎麼辦？」

「阿母，您放心，我會照顧。」碧姐痛心疾首，淚流滿面，緊緊握著媽媽的手，哽咽說著。

延續思念，光陰不滅

阿賢是大弟的獨子。大弟國中畢業後在家幫忙農務，有時候打打零工、學開怪手，婚後和父母住在一起。

阿賢小時候，弟媳婦就走了。沒有媽的孩子，阿嬤特別心疼。爸爸癌症去世後，大弟也得了癌症，身體不適。

阿賢不愛讀書，交了一群朋友，下課後經常吃喝玩樂，偶爾還會翹課，自由自在無人管束。媽媽走後，碧姐徵得大弟同意，將阿賢接到北部就讀高職，過起規律的生活。只是，事情並沒有想像中那麼順利。

過慣自由自在的日子，面對正常的新生活，孩子也很不適應。有時接到老師電話，阿賢與同學爭吵糾紛，或課業跟不上。有時翹課一整天，有次甚至不告而別，跑回台東找朋友玩。真是狀況百出。

為了訓練阿賢獨立，就讀高職時。托人幫他安排打工的機會，希望他能夠珍惜擁有。只是阿賢有時候覺得太辛苦，不想上班，有時睡過頭，甚至躲在網咖打電動，學校和公司打來的電話，令人疲於奔命，心力交瘁。為了這孩子，碧姐可真是操碎了心。

但是，一想到媽媽臨終的淚水，就不忍心放棄這孩子。

雖然經常接到學校或工廠電話通知，她只能耐住性子，始終秉著初心，一路行去。反倒是她的兩個兒子，自律獨立，沒讓她操心。回想那些年，真不知道怎麼過的。

因著對媽媽的思念與承諾，費盡心思栽培阿賢。雖然積習難改，有時溝通不易，但是混著混著，也終於高職畢業。

離開學校，剛開始工作不穩定，薪水太少，工作太累，老闆會罵人，沒有前途等等，理由五花八門，換了好幾個地方。有時，碧姐甚至要出面協助處理。

只是，現實是會磨人的。換了幾份工作，也換了幾任女朋友。幾年下來，個性才慢慢趨於穩定，有不錯的對象。這兩年，終於開花結果。

阿賢結婚那天，賓客盈門，喜氣洋洋。碧姐穿著大紅禮服，坐在主桌席，看著一對新人，內心真是感慨萬千。終於能走到這一步，總算圓滿。真是不容易啊！

「阿母，我做的這一切，都是為您做的。」她在心中默默告訴媽媽。

「阿賢今天結婚，也有穩定的工作，您看到了嗎？」

碧姐用十幾年時間，完成媽媽臨終心願，也實現對媽媽的承諾。

您，看到了嗎？

卡拉OK．療心室

歌曲：〈天地〉，歌者：黃文星。

02／思念的延續

「如果轉安寧病房照顧，八十七歲的媽媽是否可以減少痛苦，不必如此受罪？」

「持續讓媽媽承受這麼巨大的痛苦，救得回來嗎？」

「如果救不回來，這麼積極治療，對媽媽來說，又有什麼意義？」她的心頭有無數揣想。

但是，若轉安寧病房，那就表示必須拔管，移除呼吸器。拔管後，如果媽媽無法自己呼吸，是否就會走了？那麼，是自己害了媽媽嗎？媽媽會不會怪她呢？

二〇二一年雖然全球疫情持續蔓延，惡疾與死亡肆虐。院子裡的杜鵑花仍努力綻放，繽紛燦爛。宅在家防疫的日子，突然接到小園來電。她是老朋友，大剌剌個性像個傻大姐，活潑熱鬧。

轉送安寧病房，天秤上的拔河

電話中的她，一反常態地哽咽說著，前幾天夜裡媽媽忽然失去意識，住在加護中心。醫師建議轉安寧病房照顧，她獨自一人，不知道該怎麼辦？

聽得出她哀傷與荒亂無助的心情。

翌日我趕到醫院，陪她一起進入加護中心探視媽媽。

病人雙眼緊閉，沒有意識，插管連接呼吸器使用。四肢末梢腫脹冰涼，甚至慢慢出現瘀斑狀況。

疫情肆虐，加護中心每天十一點至十一點半，有半小時探視時間。小園跟公司請長假，每天到醫院陪伴媽媽。

醫師評估病情，建議轉到安寧病房，對病人來說會是最好的照顧，家屬也能隨時陪伴，珍惜最後的時光。小園心裡猶豫害怕，不知如何是好？

媽媽曾經是這麼漂亮且愛美的人。如今，孤獨一人躺在加護中心，身上除了插管接呼吸器，還有鼻胃管、點滴注射、尿管及許多儀器線路連結，毫無生活品質可言。

尤其每次護理人員幫媽媽抽痰時，「咻！咻！咻——」高分貝的刺耳聲，看著媽媽眼角滲出淚水，她就痛苦難受直掉淚！

「如果轉安寧病房照顧，八十七歲的媽媽是否可以減少痛苦，不必如此受罪？」

「持續讓媽媽承受這麼巨大的痛苦，救得回來嗎？」

「如果救不回來，這麼積極治療，對媽媽來說，又有什麼意義？」

她的心頭有無數揣想。

但是，若轉安寧病房，那就表示必須拔管，移除呼吸器。拔管後，如果媽媽無法自己呼吸，是否就會走了？

那麼，是自己害了媽媽嗎？媽媽會不會怪她呢？

身邊沒人可以商量，是對？是錯？自己一人要承擔最後結果。內心沉重壓力，及面對親人死亡的哀傷，豈是三言兩語所能形容。

其實，在生命末期，當身體功能慢慢衰退，呈現多重器官衰竭，就算現代醫療進步，使用各種急救藥物，插管接呼吸器，時候到了，心跳也會慢慢下降，變成一直線。

所以，在生命末期，運用醫療科技努力維持生命徵象，究竟是延長病人生命時間？還是增加痛苦指數？

小園神情哀戚憔悴，不停地幫媽媽塗抹精油，按摩全身。同時也一直叨叨絮絮跟媽媽說說體己話，感謝媽媽這輩子照顧，以及表達許多難過與不捨的情緒。

探視時間結束，她帶我到醫院附近快餐店用餐。餐廳在捷運旁大馬路邊，空間大又明亮，門面是整片落地窗，坐在裡面，可以看到外面車水馬龍的繁華景象。

每天探視媽媽結束後，她都一個人到這家餐廳吃飯，不敢回家。因為擔心媽媽有緊急狀況，在醫院附近陪伴著，比較安心。

吃完午飯就靜靜待著，一個人慢慢回想與媽媽往日生活點點滴滴，默默流淚。直到晚餐結束才返家，一個人面對空蕩蕩的屋子痛哭。

媽媽平常雖然有三高症狀，但按時吃藥，身體還算硬朗，行動自如。事發前一天晚上，兩人開開心心去吃火鍋。由於湯頭美味，菜色豐富，可以搭配不同選擇。席間兩人一致決定，四月中旬，小園六十歲生日，要再度光臨，大啖一場！

返家後媽媽說身體不適，先回房休息。半夜裡還聽到她如廁的聲音。

早上小園上班前，發現媽媽已經意識不清。她急忙叫救護車送急診，醫師急救後表示已經沒有希望了。

由於事發突然，明明昨晚還有說有笑吃火鍋，怎麼隔天早上送到急診，人就沒有心跳了？

一輩子，三個女人

小園沒有心理準備，完全無法接受「死亡」，情緒崩潰！苦苦哀求醫師，無論用什麼方法，一定要盡全力救媽媽。

「如果媽媽走了，我也不想活！」她哭著說。

經過各種急救、插管、CPR、電擊等一整套措施，媽媽總算恢復心跳，接上呼吸器送加護病房觀察。

「如果媽媽走了，我也不想活！」提到事發當天的情景，她忍不住又哭起來。

我拍拍她的背，內心默念佛號，不斷祈求諸佛菩薩護佑，啟我智慧與力量，能陪伴小園安然度過這段死亡幽谷。

後來，每次陪小園看過媽媽，我們便到這家餐廳用餐。聽聽她對病情進展的想法，釐清觀念或疑問，也聽聽她訴說從小到大點點滴滴與心路歷程。

小學時父母離婚，媽媽帶著姊妹兩人遷出租賃。媽媽找份工作，薪水微薄，努力撐起一個家。當時姊姊年齡較長，懂事孝順，媽媽的辛苦她都看在眼裡。高中時半工半讀，一畢業，迅速投入職場分擔家計。

媽媽年輕時很漂亮，曾經有機會再婚，但是考慮到兩個女兒，思慮再三，終究忍痛放棄。

荳蔻年華的姊姊也曾有不錯對象，然而，實在不忍心放下家人，獨自追求自己的幸福，最後也不了了之。

至於小園，對婚姻似乎沒有憧憬，個性豪爽，與男人來往，就像哥兒們一般。或許，單身也過得很好！

在媽媽與姊姊呵護下，日子雖不富裕，也有平民百姓的小確幸。閒暇結伴，出門旅遊，四處走走，嚐嚐地方美食，偶爾拌拌嘴。倒也過得快樂知足，有滋有味！

一輩子，三個女人，就這麼過來了。

前兩年，姊姊癌症過世。媽媽深受打擊，不說話，也沒有食慾，好像一下子老了許多。白髮人送黑髮人的哀傷與痛苦，一言難盡。

日子一天一天過去，我們都看得出來，媽媽的生命不斷流逝，身體和四肢越來越腫脹，瘀斑也越來越多，時間已經不多了。

小園從最初的情緒崩潰、心緒紛亂，慢慢溝通陪伴，逐漸穩定下來。這段住院十來天時間，或許是媽媽留給小園最珍貴的禮物。

這份愛的禮物，讓她一路從完全拒絕、否認死亡，到接受無奈事實，調適哀傷和痛苦，最終能帶著媽媽的愛，鼓起勇氣繼續走人生旅途。

後來小園告訴我，已經幫媽媽決定一個好日子。那天醫師查房時，小園身體緊挨著我，手緊緊抓著我的手，緊張直發抖。

她告訴醫師決定拔管的日子與時間。醫師也清楚解釋，病人拔管後若是能穩定自主呼吸，便會送安寧病房照顧。當然也有可能拔管後心跳慢慢停止，表示病人時間已到，解除身體一切痛苦，離苦得樂，往生淨土！

最後的道別，感謝媽媽的愛

拔管那天早上，我們很早就到醫院。小園兩眼紅腫，痛哭一夜。

小園在媽媽耳邊不停訴說著這一輩子感謝媽媽的照顧，自己有多麼愛媽媽、媽媽是最漂亮的。有時候她像個無助的小孩討拍拍，有時像往日般撒嬌；有時會幫媽媽精油按摩冰涼的手腳；有時候則跪在床邊，對著媽媽叩頭禮拜，感謝媽媽的養育之恩。

時候到了。護理人員請我們在外面稍候，請醫師拔管。

拔管後，移除呼吸器，媽媽臉部柔和許多，全身似乎也輕鬆下來了。我繼續在病人耳邊持誦佛號，並密切觀察生命徵象。過一陣子，心跳就慢慢、慢慢降下來。

看著心跳的數字，小園忍不住痛哭流涕，跪在地上淚流滿面，不停對著媽媽叩首跪拜，做最後的道別——

感謝媽媽的養育之恩！

感謝媽媽一輩子相依！

希望常寂光淨土相會！

來生還是媽媽的孩子！

我持續在病人耳邊念佛號，請她跟隨佛菩薩光芒，往生淨土。

同時幫她全身塗抹她最喜歡的「聖蓮花精粹油」，希望媽媽能沐浴在蓮花香華中，一切圓滿如意。

無常迅速，迅速無常。紅塵六十年相依，漫長又短暫的日子，終有盡頭！

告別式靈堂在殯儀館舉行，簡單隆重，親友弔唁，鞠躬答禮的，只有身著黑袍孝服的小園一人。儀式結束後，我和另一個朋友陪著她，送到火葬場。葬儀社人員在前頭引領，引磬聲音清脆嘹亮，棺木走在前面，小園捧著媽媽照片走在後頭，形單影隻，倍感淒涼。我和朋友則跟在隊伍最後面，默默陪伴。

一路繞過許多彎曲走廊，走到外面，午時的陽光，明朗燦爛。

進入火葬場，焚化爐轉動的聲音轟然作響。看著棺木推入焚化爐火化，小園忍不住跪下來嚎啕大哭，天上人間，渺渺無期。

兩個小時後，肉身已化為一盤骨灰，顏色多彩而漂亮。小園挑一些粉紅色小舍利花，裝進小小的罐子中，她要將媽媽帶回家，日夜相伴。

告別式結束後一個禮拜，就是小園生日。當天我在台北松菸藝術博覽會工作。事先聯絡她，晚上想請她吃飯。

她輕輕婉拒。貼心說著：「妳工作辛苦，早點回家休息吧！不用擔心，有人陪我。」我尊重她的心意。

聽說，她依照跟媽媽的約定，到餐廳幫媽媽點一份最喜歡的南瓜火鍋，為自己點一份泡菜鍋。小園把媽媽照片放在餐桌對面，食物都上來了，母女兩人一起慶祝她六十歲生日。

不同的是，這次，她一口都吃不下，睹物思人，只能一個人默默流淚。想到她在餐廳裡，帶著媽媽相片一起過生日，真令人心疼。

無盡思念，化為無量的慈悲傳說

日子總是要往前走。

下班後走在路上，每當看到母女快樂聊天逛街或是吃飯，她都會覺得傷心，一路默默流淚，回家後，一個人孤零零地嚎啕大哭。

「祝您母親節快樂！」五月康乃馨飄香，孤獨走在商店街，也有熱情老闆或店員，暖暖地送上一句。她禮貌道謝，轉身，淚水就掉下來了。

媽媽，無所不在！

思念，無時無刻！

記得有一次我們探視結束，在醫院附近那家餐廳吃飯。她說，自從我來陪她之後，心情就踏實安心多了。難怪有人說，看病功德第一。

「以後我可不可以跟妳們一起去看病人？」小園說。

「發心很好，妳先休息一陣子再說喔！」我看看她。

「我知道我很笨，可是我會乖乖當個小跟班。」她有些信心不足地說。

「妳剛剛經歷喪親之痛，需要時間調整情緒，先休息一陣子再開始行動比較適合。」深怕她誤會，趕緊表示。

我舉個例子。假設妳走進病房，看到一個女兒正陪伴媽媽說話或吃飯，妳會怎麼樣？

「我會哭！我會想到我媽媽。想起以前和媽媽相處的樣子。然後會哭得唏哩嘩啦無法控制，甚至要躲到外面哭才可以！」她馬上回答：「然後妳還要來安慰我！」

我點點頭。

接著她自嘲：「家屬和病人可能會覺得我簡直莫名其妙！搞不好還會說：『妳是來亂的嗎？我媽媽人都還沒有死耶！妳哭什麼哭啊！』」

說罷，我們兩個人都忍不住輕輕笑了起來。

面對親人的離去，思念不曾停止，人痛我痛。由於曾經走過這一段喪親的哀傷痛苦，遇到其他相同情境的人，容易產生同理心情，默默陪伴。

許多安寧志工好友，大都有自己切身的心痛。因為思念的延續，默默展開行動，主動投入助人的行列。化小愛為大愛。無緣大慈，同體大悲，在紅塵十里中，默默付出，一路相伴。

臨床上許多志工無私付出，見證思念的延續，早已化為具體行動，無盡的思念，同時也演繹了無量的慈悲傳說！

卡拉OK．療心室

歌曲：〈被遺忘的時光〉，歌者：蔡琴。

歌曲：〈感謝媽媽的愛〉，歌者：陳明真。

03／可愛的玫瑰花

「這個男人很花，妳自己要小心！」他前妻聽到風聲，曾經警告小謝。

言猶在耳，她卻已深陷其中。「笨女人啊！」聽說他前妻知道後，只能嘆口氣說，言談之間不乏疼惜之意。

小謝說：「我們是鬥陣ㄟ！」兩人沒有住一起，分別跟自己兒子住。

休假時候，楊先生會開車帶小謝遊山玩水，呼朋喚友，一起唱歌喝酒，享受人生。這是小謝最快樂無憂的時候……。

女人，除了是紅玫瑰與白玫瑰，還可以有什麼選擇？

或許，明豔的黃玫瑰，也可以活得自在漂亮，別有一番風味！至少，我知道，小謝就是這樣走過來的。

兩對夫妻，兩種情緣

小謝和楊先生夫妻早年是鄰居。她剛從中國嫁過來，人生地不熟，思鄉情切，一時很難適應。幸虧楊太太熱心，多方照顧，她才慢慢度過新嫁娘的窘境。

那時候孩子都小，是同班同學，她和楊太太每天結伴一起牽著孩子上學。

當年，楊先生開五金行，生意穩定，過上幾年不錯的日子，後來也不知怎麼了？楊太太嘆道，生意難做，偶爾會跟她調頭寸。

小謝先生負責家計，她在工廠上班有自己收入。因為是好朋友，小謝不忍看他們為了金錢焦頭爛額，遂偷偷拿私房錢暗中資助，打了好幾張借據。前前後後加起來，也有幾十萬吧。

後來小謝先生工作調動，舉家搬遷他鄉，但雙方仍有聯繫。只是世事難料，楊太太工作勞累，住院檢查，醫師說必須長期洗腎，那時小謝還特別趕去醫院看她。

楊太太病容憔悴，傷心欲絕說起分開後的日子，楊先生外面有女人，無心顧店，她為了撐起家計，日夜操勞，身心俱疲，不想卻病倒住院。

住院期間，楊先生不僅沒有照顧糟糠之妻，還帶著年輕女友來看她。她哭得一把鼻涕一把眼淚，自嘆全心的付出，卻遇上花心男人，完全不值得。

女人心死了，婚姻也維持不下去。小謝心軟，看她如此傷心，處境可憐，完全不敢提還債的事。其實，後來小謝也不好過。她先生中年失業，閒賦在家，無奈大環境不景氣，在家中時間一久，性格慢慢轉變。生活開銷就完全由小謝支付。

小謝先生看著她與同事出門上班開開心心，常常疑神疑鬼，後來甚至限制小謝與親友來往，漸漸就演變成語言暴力。

「可能自卑吧！」她說。失業的男人，總是有許多無法捉摸的情緒和反應。夫妻倆爭執日起，甚至有肢體衝突，挨揍的卻總是女人。小謝個子嬌小，難免心生恐懼。為了保護自己與孩子安全穩定的日子，毅然提出離婚。

但是這動作卻激怒那個男人，他更加易怒暴躁，甚至鬧到她的工作單位。拉扯過程中，她也受了傷，只得報警處理。

單純的小謝為了儘早脫離惡夢，拿一筆錢給那男人，希望能解決婚姻問題。只是男人錢拿了，依舊不肯簽字離婚，無奈之餘只有請律師處理。雖然訴訟程序很辛苦，但總算熬過來了。她到郊區買個小房子，把兒女接過來，彷彿重生。

婚離了，家搬了，錢沒了，工作也待不下去，不得已，人生只好重新開始。

「那時候我必須賺錢。」她幽幽地說起當年情境。

朋友介紹到一家卡拉OK場所上班。說得好聽，是陪客人歡唱紓壓，其實更重要的是賣酒。而收入則靠客人打賞小費，既辛苦也不穩定。

幸好這些年孩子畢業後，有不錯工作，懂得孝敬媽媽，熬過這麼多年，總算出頭天了！

她說不管男人女人，都會孤單寂寞，甚至傷心痛苦時候居多，所以來唱歌喝酒的人都需要抒發情緒，安撫客人不安的內心。

可謂，人人皆有傷心淚！

當然，免不了也會遇到醉翁之意不在酒的男人，藉酒裝瘋，佔佔便宜。

女人啊，則是情傷居多。不是為家背債，就是為男人心碎，有時候邊喝酒邊唱歌，往往一首歌還沒唱完，人就已經傷心痛哭，癱倒在地。如果客人醉得不省人事，甚至還要幫忙叫計程車，為客人安全把關。許多年來，真是看盡人生百態。

善良的小謝彷彿成了解語花，熟客都喜歡找她聊天、解憂。聽多了男男女女，恩恩怨怨。

「女人就是傻啦！」她嘆口氣忍不住地說。

累世情緣未了，意外的重逢

每當夜幕低垂，華燈初上，就是小謝忙碌的時刻。

客人一來，不管多少人，都要先敬酒。啤酒也好，高粱也罷。只要客人開酒，老闆就有錢賺，這個是最主要的工作。

「妳以前就會喝酒嗎？」我忍不住問她。

「剛開始也不太會喝，沒辦法啊！人啊，都是訓練出來的！」

她表示有時候酒喝多了，或酒精濃度高的酒，就會頭暈，整個人茫茫然。那時就趕快跑到後台，喝大量溫開水稀釋酒精濃度，當然也免不了頻頻如廁。

有時候真喝醉了，同事會互相陪伴叫車回家。回到家倒頭就睡，也不知道是怎麼回家的。往往隔天醒來，才發現已經倒在家裡了。

有時候回到家頭痛欲裂，抱著馬桶狂吐，吐完再睡一覺，醒來還是一樣得上班賺錢。

當年只想有份工作賺錢養家，並無意男女關係，或者說，對男人，還有些懼怕。雖然有些客人表達愛慕之意，她都敬謝不敏，不敢接受任何男人追求。想來，也不過如夢一場。只是，老天爺安排的事，誰也說不準。

不知是命運的牽引？還是累世情緣未了？小謝與楊先生竟然意外重逢。

楊先生與好友相偕來唱歌喝酒，畢竟以前就認識，彼此也無惡言相向。況且，他們還欠她不少錢。小謝趁機跟他催債，楊先生一口承諾，以後會慢慢還。

剛開始，他確實還了幾筆小金額，只是男人嘴巴甜，溫柔體貼，一來二往，在他猛烈攻勢下，寂寞芳心竟意亂情迷了。

「這個男人很花，妳自己要小心！」他前妻聽到風聲，曾經警告小謝。言猶在耳，她卻已深陷其中。

「笨女人啊！」聽說他前妻知道後，只能嘆口氣說，言談之間不乏疼惜之意。小謝說：「我們是鬥陣乀！」兩人沒有住一起，分別跟自己兒子住。休假時候，楊先生會開車帶小謝遊山玩水，呼朋喚友，一起唱歌喝酒，享受人生。這是小謝最快樂無憂的時候。

其實她隱約知道，那男人身邊還有其他女人。偶爾，也會吃吃醋。只是她很珍惜目前擁有的單純快樂。而且他的甜言蜜語，很快就會讓她忘記所有不愉快。

「沒看到就好了。」她低聲說，說給自己聽。

今年初公司健康檢查，醫師說楊先生得了肝癌末期，他嚇一跳。只不過是稍微肚子脹些，食慾差了些，偶爾鬧肚疼，哪會料到竟然是肝癌末期？而且他每年都有定期健康檢查，怎麼病情突然進展如此之快？

發現時候是二月多，現在不過六月，已經全身皮膚蠟黃，腹部腫脹，偶爾還出現譫妄，情緒混亂，有時，甚至連人都不認得了！

他兒子仔細研究病情，徵詢醫師意見，最後將楊先生轉到安寧病房治療。
小謝不知道安寧病房是什麼單位，問了幾個朋友。
有人說，安寧病房就是放棄治療啦。
有人說，安寧病房照顧得比較好。
有人說，安寧病房是快走的人住的地方。眾說紛紜，莫衷一是。
她只好自己上網查資訊，又私下問不少人，慢慢釐清想法和概念。
「還是年輕人有辦法。」她很肯定他兒子的做法，讓楊先生在癌症末期，不必接受許多無效侵入性治療，而能享有一段安詳平和的時光。
小謝還提起十幾年前的往事。當時九十歲高齡爸爸因肺炎住進加護中心，病情緊急插管。家屬進去探訪時，爸爸清醒過來，奮力拔管子，當場警鈴大作，一片混亂，醫護人員匆忙奔走，用力將爸爸四肢捆綁起來。
還記得爸爸最後看她們的眼神，讓她既難過又無奈。如果當年有安寧病房的話，爸爸是否就不必那麼受罪！思及往事，她不禁眼眶泛紅。

情和義，值千金

小謝重情意，知道楊先生的時間不多，難捨往日情懷，想想，那就陪他最後一段。

她經常陪他來卡拉ＯＫ大廳，點唱以前一起熟悉的歌曲，喚起許多往日快樂時光。但有時候一首歌未唱完，便會哽咽失聲掩面哭泣。

病人清醒時候還會安慰她。但是有時候，病人也情緒混亂譫妄，自顧不暇。

最近病人混亂時候較多，常常會罵人或趕人，肆意揮動雙手，無法控制。

「他生病了，意識不太清楚，他不是故意罵妳的。」有次我看她低頭拭淚，趕快安慰。她點點頭似乎能瞭解，隨即又搖搖頭。

「我不是因為他罵我而哭，我是非常心痛啦！」

「本來人好好的，還能工作上班，才幾個月就變成這個樣子。我看了好心痛啊！」淚痕未乾，又打起精神安撫病人脫序的行徑，真令人心疼不捨！

有次病人用力揮舞拳頭，趕她離開，並且亂罵她，她傷心地哭了起來。看護趕快去安撫病人。

我把小謝帶到旁邊，她傷心地訴說這十年來一路走過的點點滴滴，如今，只能來陪伴他最後時光，這一輩子的緣分就這麼盡了，哀傷地痛哭流涕。

最近病人漸漸陷入昏睡，前妻在兒子陪同下曾來探視。總是夫妻一場，怎麼說，也是孩子的爸。

「那個男人欠妳的錢還完了嗎？」前妻看她低頭拭淚，趕快安慰。

「他欠我的錢全部還完了，妳不要擔心喔！」小謝望著生病洗腎十幾年的好友，想到躺在病床上即將離開人世的男人，豪氣地說。

善良的小謝反倒過來安慰她們。相處十年來每次出遊，她付出的往往超過那男人。甚至當那男人買車的時候跟她借錢，她二話不說幫忙資助。

債務不僅完全沒有還清，還越來越多——。但是她想，人都快走了，一切就讓它結束吧！小謝將借據本票一併火化，燒個乾乾淨淨。

驀地，我想起為孟嘗君買仁義回來的食客馮諼，所成就的千古佳話。

為愛付出的女人，可以勇敢也可以溫柔

這陣子，小謝總是來去匆匆，問她忙些什麼？

原來離婚十多年的前夫車禍住院，兒子拜託她幫忙。她只好兩頭跑，在不同醫院輪流照顧生命中兩個男人。

前夫出院後無法工作，沒有地方住，兒子接回家裡。小謝不計前嫌照顧他。前夫脾氣改了很多，很後悔過去的行徑，只是一切都回不去了。

我與小謝在醫院裡只不過見了幾次面，陪著傷心落淚的她，安慰一陣子。但是她心情穩定後，竟回頭關心起我來。

「妳在醫院做志工，那生活怎麼辦？」

我說過去有些儲蓄，日子還可以。

「如果妳需要找工作，我可以幫妳！」她熱心關切。

「我……我不會喝酒。」我搖搖手，訥訥說著。

「別擔心，喝酒可以慢慢訓練，我會罩妳的。」她大剌剌地說。

她的熱情與單純真叫人動容。

鳳凰花開時，楊先生平靜走了，留下傷心的小謝無限哀思。

茫茫人海，紅塵一世，我與小謝只有見過四、五次面，但是我永遠記得這一個勇敢生活，為愛付出的女人，重情重義，無怨無悔，我在心裡默默祝福她，往後的日子，都能夠平安健康，幸福快樂！

卡拉OK·療心室

歌曲：〈可愛的玫瑰花〉，歌者：鳳飛飛。

歌曲：〈可以勇敢可以溫柔〉，歌者：林慧萍。

04／世間女子

「女人啊，青春就那幾年！妳有想過老了怎麼辦？」

「世上男人那麼多，找個老實可靠的過日子，何必這般委屈？」只有閨密，總會不捨地說。

她也不是沒想過，只是離婚帶個孩子，條件好的，攀不上；條件差的，她也不願湊合。更何況，他的溫情攻勢，她也放不下。

想了想，老了就老了唄，一切交給老天爺安排。一輩子，就讓自己任性這一回。夜半傷心落淚難免，只能說一切都是命吧！

起風了！

立秋過後日照似乎縮短了，陽光也減少幾許熱度。

太陽下山得早，陳伯伯戴帽子坐輪椅，由楊阿姨推著在花園閒逛，兩人有時候會到花園池塘，看魚兒悠遊自在游來游去，有時則到交誼廳聽我們唱歌解憂，抒發情緒。

女人要的承諾，男人給不起

陳伯伯住院後，楊阿姨每天都拎著雙層提鍋來病房陪伴。病人食慾較差，身體虛弱。一大早，阿姨就趕到市場挑選新鮮食材，依照病人喜好，精心烹煮。每天更換菜色，有時是鮮美的魚湯，有時是排骨粥，或是香菇雞湯，營養豐富，香味誘人。

阿姨愛心的私房料理果真不同。經常看他們兩人開心進食，互動融洽，有滋有味。有時還會討論隔日的菜單，感情很好。陳伯伯兒子一下班就來換手。

阿姨收拾好提鍋，背起包包，一個人慢慢地走回去。看著她單薄的背影，緩緩消失在長廊盡頭，內心總是不勝唏噓。

當年何曾想到，會是如今這般。曾經，與前夫兩小無猜，青春歲月甜蜜幸福。愛情長跑幾年，感情穩定結婚生女，一家三口幸福生活著。只是世事難料，先生竟有七年之癢。

當時她正忙著照顧女兒，長輩輪流住院，醫院家庭來回奔波，不料年輕女孩卻挺著肚子出現眼前。聽說她懷的是男孩！

十幾年的感情，十幾年的幸福甜蜜，轉眼，就這麼隨風飄逝。她帶著女兒傷心地搬出來。在父母資助下，買個小屋窩居。

房子雖說小，也夠母女倆遮風避雨。日子總是要過，她找了份工作，獨力撫養女兒。

生活穩定後，總是有人熱心幫忙介紹，只是，來的不是老婆去世或離婚，大部分都還有年幼的孩子要照顧。

經歷過一場出軌背叛的婚姻，身心俱疲。不敢想像，帶著女兒與另一個男人的孩子共同組合家庭，是否也能幸福？她有些膽怯，一直遲遲不敢接受新的感情。

有陣子經常加班熬夜，壓力巨大，日積月累，竟病倒了。孩子外地求學，身邊乏人照料。陳副理知道她的辛苦，常常多加照顧，買些營養品來探視她。

有一次，楊阿姨出車禍，與對方發生糾紛，陳副理馬上陪她到警局做筆錄，與對方來回交涉。

其實到底是怎麼好上的，日子久了，也忘了，反正就是那樣。

只是午夜夢迴，內心經常承受巨大的煎熬。她不是沒有掙扎過，他是有家庭的，她也認識他太太。

由於前夫的出軌、背叛、吵架爭執，導致家庭破碎，她痛恨第三者。若是跟他持續下去，那麼，她不也是另一個第三者嗎？來來回回地思考無數遍，只是感情這件事，誰也料不準。他的溫柔呵護，細心體貼。捨不得啊！

最後，她告訴自己，可不可以不要名分，不圖利益？可不可以安安靜靜當一個永遠沒有聲音的第三者？可不可以？

彷彿看到她的軟弱與為難。他也沒有給予任何承諾。其實，承諾，他也給不起。前夫許下的山盟海誓與承諾，也是給過的，只是不經用！孩子的誕生，也無法保證婚姻幸福的存在。那些保證與承諾，又有什麼用呢？就這樣子吧。

為了隱瞞這份不能見光的感情，阿姨換到別家公司，也漸漸與親友疏離。陳先生出差到外地，她就先排好假期，到遠方一起會合。

有時候也會以加班為藉口，開車夜遊；有時則在家烹煮美食，來個燭光晚餐。

他從不過夜，楊阿姨也很體諒。所以，他太太從來不疑心。

「女人啊，青春就那幾年！妳有想過老了怎麼辦？」

「世上男人那麼多，找個老實可靠的過日子，何必這般委屈？」只有閨密，總會不捨地說。

她也不是沒想過，只是離婚帶個孩子，條件好的，攀不上；條件差的，她也不願湊合。更何況，他的溫情攻勢，她也放不下。

想了想，老了就老了唄，一切交給老天爺安排。一輩子，就讓自己任性這一回。夜半傷心落淚難免，只能說一切都是命吧！

癡心錯付，但我有愛你的自由

不道，流年暗中偷換，屈指，也十來年了。

陳先生升總經理後業務繁忙，來的時間減少，也不常帶她出去遊玩。女人都有奇異的第六感，她偷偷明察暗訪，私下調查。果然，除了她，公司還有另外一位年輕女子。

不見舊人哭，只見新人笑！許多次的出差出國，陳先生私下帶的，就是那個年輕女子。

只是年輕女子顯然不願安靜隱忍。沒多久就跟陳太太展開談判。年輕女子告訴元配，她不是那個默默不吭聲的第三者，她是小四，她要為自己發聲，爭取應得的權利。

雖然陳太太有些風聲，可是沒想到這二十多年來，忙著照顧孩子，安排接送，侍奉公婆忙碌的日子裡，先生竟然以加班出差為由，跟不同女人來往。那麼她的付出算什麼？

男人的良心到底在哪裡？

哼，她也不是省油的燈！元配聯絡公婆、家族以及孩子們的力量，同時經濟封鎖，強力捍衛自己努力一生的家園，一步不退。

楊阿姨沒想到十幾年隱密的感情，竟然被掀了出來，雖然目前戰火沒有蔓延到她，但是女兒卻非常不諒解。

「沒想到媽媽竟然介入別人家庭，成為第三者！而我，竟然是小三的女兒！」女兒無法擁有一個完整的家庭，沒有爸爸呵護，都是因為爸爸感情背叛，與第三者的強勢。

親友的流言蜚語，街坊的指指點點，女兒的不諒解，在在都令楊阿姨痛苦難當，揪心不已。

在一片混亂情景下，男人也沒有什麼打算，如果事情鬧開來，飯碗肯定保不住，所以他兩手一攤，交給太太做主。

男人相信，太太一定有辦法擺平一切。果然，年輕女子狠狠拿了一筆錢，頭也不回地離開。只是，事情過後，夫妻的感情，再也回不去了。

太太冷淡的態度，他繼續又往楊阿姨這邊跑。楊阿姨心軟，雖然受盡委屈傷心落淚，畢竟他是一輩子最愛。她抹抹眼淚，依然重新投入他的懷抱。

陳太太就當死心了吧，隨便他！反正外面的再怎麼樣都只是小三，無法撼動她的地位，姑且睜一隻眼閉一隻眼！老了，自然會回來！

去年陳先生身體不適，入院檢查，醫師說發現太晚，已經癌症第四期。拚拚看吧！開刀、化療，一連串積極治療，但效果不好。中西醫合併治療，也服用許多偏方，依然不見起色。身心受盡折磨痛苦，枯槁憔悴，求生不得，求死不能。

「怎麼病得這樣?怎麼會是這種結局?」楊阿姨去醫院偷偷看了一次,回家後痛哭一場。在醫師評估與建議下,陳先生轉安寧病房照顧,希望能平靜順利走完最後一程。人都快走了,能夠陪伴的時間顯然已經不多。

「什麼小三不小三的,管別人說什麼!」她決定豁出去了,楊阿姨主動表達願意到安寧病房照顧陳先生。他太太不說話,託辭身體不好,在家休養。白天就由楊阿姨陪伴照顧,晚上有兒子換班。

她捨不得,一輩子情緣就這麼消失。她盡心盡力呵護照顧,珍惜把握最後每一刻時光。在病房裡,他們倆形影不離,恩愛逾恆,不知情的人還以為他們是少年夫妻老來伴!

有人說她傻,她說,她是真心真意愛他。

私心裡,甚至想讓他明白,這一生,她才是最愛他,甘願無怨無悔付出,願意陪他到最後的女人!

陳先生看在眼裡心裡有愧,這輩子走到現在,是辜負她一片真心了。雖然想彌補點什麼,無奈如今身體虛弱,完全無法作主。

那天,兒子私下告訴楊阿姨,爸爸想回家休養,等病情穩定,再請阿姨來陪他。她在家等候消息,心卻始終懸著。一個禮拜過去,兩個禮拜也過去了,卻一直沒有消息。

她渴望能夠去看看他,一眼也好,無奈人家並不歡迎。後來多方打聽才知道,他回家後兩、三天就走了，告別式也已經辦完了。

「為什麼最後一面也不讓我去看？就連告別式也無法參加？」她傷心欲絕，痛哭流涕。何曾想到會落到這般地步，她錯了嗎？陳先生已經走了，女兒也無法諒解，漸行漸遠！

她癡心守護一段見不得光的愛情，不爭名分、不圖利，一輩子真心默默付出，難道，她錯了嗎？

唉，問世間情是何物？

想起楊阿姨，就會想起她瘦弱的身子，拎著裝滿營養品的雙層提鍋，離開醫院時孤單又寂寞的背影。

陽光把她的影子拉得好長好長！

卡拉OK．療心室

歌曲：〈退路〉，歌者：㓗娜。

歌曲：〈自由〉，歌者：㓗娜。

05 / 緣盡，情未了

親愛孩子離去了，彷彿自己的一部分，也跟著逝去了。

失去生命的摯愛，要如何承受？親愛的孩子逝去，媽媽破碎的心，要怎麼樣才能癒合？曾經是懷胎十月，活潑可愛健康的陽光男孩，如今卻看不到，摸不到，聞不到，抱不到。

「孩子啊，你怎麼忍心丟下媽媽，離我而去？」那真是一段萬念俱灰、生不如死的無間地獄……。

人世間，有靈魂的存在嗎？肉體死亡後，靈魂會去哪裡？真是大哉問，我也不得而知。記得曾聽過有關靈魂的故事，讓我記憶深深永生難忘。

和樂一家，難得有情人

算起來，認識秀秀姐，也有七、八年了。

曾經，幸福是日常。

雖然，日子過得忙碌辛勞，但是，有契合的伴侶攜手共組家庭，生兒育女，人生必經的過程，生活倒也有滋有味。

想當年，秀秀姐是個大美女。氣質端莊，賢慧大方，多才多藝，手藝好，還會畫畫。先生一見鍾情，鼓起勇氣，努力追求。聽說，每週兩封情書，工整的毛筆字，文情並茂！不僅毛筆字寫得漂亮，還會篆刻，雕琢技法細膩高超，作品栩栩如生。閒暇時長笛在手，就是悠揚迷人的樂聲。而且人品好，工作勤奮，負責任感，長官甚為賞識重用，真是難得佳婿。難得有情人！兩人交往幾年後，情投意合，郎才女貌，締結良緣。

婚後，琴瑟和鳴，家庭和樂，育有一子一女。兒子小俊貼心孝順，活潑開朗，是媽媽的心肝寶貝。女兒乖巧內向，是爸爸上輩子情人，闔家幸福的模樣，羨煞旁人。

一入家門，就可見到牆壁與廊道、書桌上，都貼滿許多孩子生活成長的記錄。有小俊學走路的呆萌模樣，幼兒園穿藍色圍兜兜，溜滑梯活動照，小學繪畫及模範生、演講比賽領獎的風采，與大學哥兒們打籃球的精采，歡唱時光，與女友柔柔互動的甜蜜及全家多次出遊快樂照，一一記錄生活點滴。

秀秀姐每日料理家務，再到學校擔任行政事務。由於手藝好經常做些美食，分享給同仁。尤其有些實習老師，年輕有幹勁，事務繁忙，經常忙得來不及吃飯。

她會貼心準備便當盒，滷好雞腿、豆乾、海帶，讓他們補充體力，有時更換菜色，滷花生、雞翅、杏鮑菇等，大飽口福，像個媽媽般細心照顧大家，後來「大媽」的綽號就不脛而走了。

逢年過節，她看到有些年輕人無法返家，孤伶伶在北部討生活，便會烹煮許多美食，邀請到家裡一起聚餐，感受家庭的溫暖。孩子漸長後，兒子的女友柔柔及同學們，也加入大家庭歡聚，所以，家裡經常高朋滿座，歡樂連連。

好友相聚，聊得盡興，難免忘了時間，有時趕不上末班車，乾脆留下來過夜，小蕭便是如此。難得緣分相投，索性認為乾兒子，更像一家人。人生多個媽媽照顧，幸福加倍。

無常也是日常，突傳噩耗

雖然小蕭年紀較兒子稍長，但是兩個人卻相談甚歡，像親兄弟般無話不聊。

彷彿上輩子就是好友，轉身後互相找到彼此，兩人經常風雨對眠，徹夜聊天，分享彼此的快樂與想理，對未來的期待與展望。

只是，無常也是日常。

小俊十九歲那年，久咳不癒，到診所就醫，不見起色。後來越來越嚴重，到醫院診療後，竟然是肺癌四期。沒有家族史，不抽菸、不喝酒，樂觀孝順的陽光少年，竟然肺癌末期！

這樣的消息，彷彿晴天霹靂，父母更是無法接受。為了醫治孩子，全家投入抗癌之路。不管中醫、西醫、自然醫學療法或偏方，求神問卜，東奔西跑，只要有任何方法，一絲希望，秀秀姐都全力以赴，努力去做。妹妹與柔柔也輪流陪伴病榻，照顧日益虛弱的小俊，讓秀秀姐有更多時間，準備營養豐富食物或配方，幫小俊補充體力，祈求能度過難關。

時間許可時，小蕭會陪伴鼓勵小俊，有時說些生活或學校趣事，讓他轉換心情開懷一笑。更經常擔任秀秀姐的司機，採購，跑腿，彷彿就像親生兒子般同心，一起為小俊努力付出。

然而傷在兒身，痛在娘心。看著兒子憔悴痛苦虛弱，遭受病魔的折騰，媽媽真是心如刀割。若是老天爺同意，用媽媽的壽命，可以換取小俊壽命，秀秀姐也願意，只是天不從人願。治療一年後，小俊不敵病魔摧殘，離開人世。

當小俊生命吐出最後一口氣，溘然長逝，眼角猶有淚痕。抱著懷中漸漸冰冷的軀體，秀秀姐也崩潰了。悲痛絕望，撕心裂肺，萬箭穿心。親愛孩子離去了，彷彿自己的一部分，也跟著逝去了。

失去生命的摯愛，要如何承受？親愛的孩子逝去，媽媽破碎的心，要怎麼樣才能癒合？

曾經是懷胎十月，活潑可愛健康的陽光男孩，如今卻看不到，摸不到，聞不到，抱不到。一世緣分，就這麼消失無影無蹤？上窮碧落下黃泉。若是有路，媽媽也會拚命去追？

老天爺為什麼這麼殘忍？

「孩子啊，你怎麼忍心丟下媽媽，離我而去？」那真是一段萬念俱灰、生不如死的無間地獄！

日日夜夜無盡的思念，眼淚似乎流不完，渾渾噩噩、臥床不起、行屍走肉、生不如死，一具沒有靈魂的軀殼，不知還能做些什麼？

先生請假日夜陪伴，小蕭與柔柔也常來，兩個女人經常抱頭痛哭，哭那個逝去的男孩。

也不知過了多久，在眾人的關懷照顧陪伴下，心死的靈魂才慢慢、慢慢，一點、一點的恢復過來。當然，這是許多年以後的事情了。

穿越現實的掛念，永恆存在

小俊去世多年，柔柔似乎無法忘懷，經常來看秀秀姐，對於這無緣的媳婦，她也頗為心疼，遂認為乾女兒。她反過來鼓勵柔柔，試著敞開心胸接受新戀情，相信小俊在天之靈，希望看到柔柔有個好男人一生相伴，擁有幸福的歸宿。

在她殷殷開導下，柔柔遇到真心相待的男人，就帶來讓秀秀姐鑑定，兩人彷彿母女般，真真切切，好好品頭論足一番。柔柔結婚當天，她也好似嫁女兒般，開心地準備大禮，闔家到場祝福！

某天，小蕭覺得秀秀姐逐漸恢復穩定，就告訴她當年一件往事。

小俊頭七那天。小蕭在家裡協助打理事宜，晚飯後眾人回房休息。他一個人斜躺在客廳沙發胡亂看電視，也不知在想些什麼。突然間，電視畫面呈現扭曲模糊狀，小蕭也彷彿被定住一般，無法動彈。

日光燈一閃一閃明滅不定，耳朵聽到「ㄔㄔㄔ」的聲音，彷彿電影場景一般，整個客廳磁場怪怪的。

心想，莫非電視機壞了？不過那當下，慢慢的，他看到一團模糊的光影，光影逐漸成形。他不可置信地看到小俊淡淡模糊的身影，就跪在他面前。小俊悲痛不已淚流滿面對他說：「拜託你，好好照顧我媽媽，因為我最放心不下的就是媽媽，求求你答應我，幫我照顧我媽媽。」

「我答應你，一定會好好照顧媽媽，你放心好了。」小蕭難過不捨鄭重點頭，親口答應。

有了小蕭的承諾，小俊才放下心，依依不捨地，慢慢、慢慢離去，模糊的身影，就漸漸消散了。電視畫面與燈光也逐漸恢復正常運作。

小蕭的一番話，秀秀姐又哭了一場。驀然想起，她曾經答應過小俊，以後沒有他的日子，要好好活著。母子連心，即使肉體消失，彼此的愛，永恆存在。

今年小俊去世二十週年忌日，秀秀姐獨自在家。她一早準備小俊愛吃的食物水果，燃香祭拜，回想起小俊在世的日子，找出厚厚相簿，一頁頁輕輕翻看，默默懷念。

想著想著，眼淚不知不覺流下來，此生無緣的孩子。只是，沒想到這一哭，就哭了一整天停不下來。

日子總是要過。餘生，為了小俊，更要盡力過下去。

走過漫漫歲月，秀秀姐已然退休，如今重拾畫筆，努力揮畫，秀秀姐的作品，陽光明亮，傳達溫暖與熱切的愛。

聯展時，她的畫作每次都完售，臉書上也常常看到賢伉儷與藏家的身影，夫妻一路風雨，真誠相伴，情深感人。

現在，逢年過節，小蕭和柔柔都會攜家帶眷，小年夜闔家團聚。如今，不僅多了乾媳婦乾女婿，還有好幾個乾孫子，活蹦亂跳，熱鬧滾滾。

二十年過去了，小蕭和柔柔，依然有情有義，默默陪伴秀秀姐，這份難得情誼，相信小俊在天之靈，也會安心。

所有的相遇，都是靈魂的思念，此生已無緣，但是秀秀姐仍然期盼，未來有那麼一天，當離開人世間後，能再見到小俊，彌補悠悠歲月不盡的思念。

卡拉OK・療心室

歌曲：〈難得有情人〉，歌者：關淑怡。

歌曲：〈大魚〉，歌者：周深。

06／看海

阿妹說，曾經有隻相伴六年的毛小孩嘟嘟，後來噁心、嘔吐，身體不適，看嘟嘟受苦折磨，於心不忍，遂將嘟嘟送到寵物醫院治療。

後來聽說開刀順利，但是出院當天早上，卻突然呼吸困難猝死。寵物醫院建議，協助直接團體火化。阿妹接到消息傷心欲絕，一時六神無主，遂同意醫院做法，直接火化。

事後，她內心總有個掛念，嘟嘟後來發生什麼事？心裡會不會怪她？或誤以為被媽媽拋棄了呢？

時光飛逝，歲月如梭，十七、八歲無憂的學生時代，轉眼即逝。畢業後大家各奔前程，經歷人世間的酸甜苦辣，悲歡離合。

年過半百歷盡風霜，許多朋友早已失聯，不知去向，只能在腦海中記憶彼此美好的情誼。近幾年幸拜科技之賜，有臉書和 LINE 群組，找回許多好友資訊，也喚起年少的回憶。

如果有來世，再來當我的小孩！

阿妹是隔壁班好友，入眼就是慈眉善目，溫柔體貼，永遠笑臉迎人，彷彿九天仙女下凡般仙氣飄飄。

當年，我們曾經一起參加救國團帶隊輔導員，在老鷹谷山上服務一段日子。

剛到營區時，動手整理雜亂的營地，走進山區深度探尋，規劃每組活動路線，分配各類食材。夏日滿天星空的夜晚，隊友們圍圈圈升起營火，點燃青春的熱情。

部落裡有許多小朋友，喜歡成群結隊跟著我們跑，閒暇時她常常當起孩子王，跟孩子們玩耍，也經常把許多食物跟他們分享，孩子們吃得不亦樂乎！

記得整個營隊活動結束離開時，感情豐富的她，抱著孩子們哭得唏哩嘩啦，令人印象深刻。時間過得真快，一轉眼，那已是四十年前的往事了。

婚後，我們都長居北部，距離很近，閒暇時我們相約聚餐歡唱，逛畫展，聊聊生活大小事，重溫年輕歲月的美好。

阿妹心軟，重感情，每次出門見到流浪狗流浪貓，總是捨不得看牠們挨餓受凍，經常準備一些食物餵食，有時候，甚至帶回家照顧。親友出國或無法再繼續照顧的毛小孩，也會交給她，久而久之，家裡收容了許多毛小孩。

那年，我們相約參加毛小孩博覽會，會場有許多爸爸媽媽帶著毛小孩參加。有些體格壯碩威武，帥勁十足；有些毛茸茸身軀還綁著粉紅色的蝴蝶結，非常可愛。當然也有一些毛小孩呲牙裂嘴，互相叫囂，場面壯觀，十分逗趣。

她沿途一一幫我介紹每個攤位的產品與功能，比如貓砂、奶瓶及營養品等等。我就像劉姥姥進大觀園般，樣樣都覺得新鮮好奇，忍不住東摸摸西摸摸，拍照留念，真是大開眼界。

展場中央有許多人在排隊，沒有販售任何物品，我實在看不出什麼名堂？阿妹告訴我，這是寵物溝通，現場免費服務。第一次聽到這個名詞，覺得很新穎，我們也跑去排隊等候。

排在我前面的媽媽，帶了兩隻毛茸茸白色小狗，頭上各綁著粉紅和紅色蝴蝶結。繫粉紅色蝴蝶結的小狗，活潑可愛親人又撒嬌，吸引眾人目光與讚嘆，繫紅色蝴蝶結小狗則悶頭不吭不哼，偶爾伸伸懶腰，默默躲在角落裡。

溝通師對媽媽說，兩隻小狗雖是同一胎出生，可是個性完全不同。繫紅色蝴蝶結小狗安靜害羞，不會表達撒嬌，比較不討喜，內心覺得受到冷落孤單，建議媽媽要主動關心、鼓勵、讚美這一隻小狗。哇，好有人性喔！

輪到阿妹時，她說曾經有隻相伴六年的毛小孩嘟嘟，後來噁心嘔吐，身體不適，看嘟嘟受苦折磨，於心不忍，遂將嘟嘟送到寵物醫院治療。

醫師說必須開刀住院，費用需好幾萬元。雖然她經濟不充裕，仍然盡力湊了一筆錢，希望嘟嘟早日恢復健康。

後來聽說手術順利，但是出院當天早上，卻突然呼吸困難猝死。寵物醫院建議，協助直接團體火化。阿妹接到消息傷心欲絕，一時六神無主，遂同意醫院做法，直接火化。

事後，她內心總有個掛念，嘟嘟後來發生什麼事？心裡會不會怪她？或誤以為被媽媽拋棄了呢？

溝通師說，嘟嘟身體不適，被送到一個人生地不熟的地方，自然會害怕。經歷開刀住院，最後也沒有看到家人，心裡難免有些不諒解。

他建議阿妹回家後，親自寫一封信，把當時自己的心情和困難寫下來，然後火化，他會跟嘟嘟溝通，取得諒解。阿妹一時紅了眼眶，默默點頭流淚。

「嘟嘟，若有來世，希望再來當我的小孩喔。」她低頭合掌虔誠祈求，良善動人。

回去後某個夜裡，她親筆寫了一封信，訴說當時籌措醫藥費情景，表明自己已經盡力了，一時聲淚俱下，希望嘟嘟能夠諒解，祝福嘟嘟往生淨土得安樂。

事後，聽說嘟嘟來入夢，和往日般撒嬌黏人活潑可愛，阿妹也放下心結，圓融無礙。原來人類與毛小孩之間，陰陽兩個世界，可以互相傳遞訊息，化解彼此心結，此生無憾。

大海像媽媽的手，把我輕輕擁抱

今年疫情慢慢穩定，她也結束一段繁雜疲憊的工作。

她說，想去看海。浩瀚遼闊，廣袤迷人又神秘的大海。

累了，總會想起，到海邊走走，聽海浪的聲音，赤足走在沙灘上溫熱的感覺。

看海，其實也可以不需要任何理由。她說，看海，經常會想起媽媽。大海無邊無際包容萬象，大海，像媽媽的手，輕輕把她擁抱。

媽媽國小畢業後在公司擔任秘書，年輕時也過了一段青春美好的時光。當時父母希望她能嫁個好人家。

媒人來提親，說對方經商，家境殷實，只要穿美美，站在櫃檯收錢就好。說的也是，夫家開布莊和瓦斯行，日進斗金，生意興隆。

只是媒婆沒有說，除了顧店之外，還要侍奉公婆，整理家務，料理三餐，洗全家人衣服，幫七歲的小叔洗澡，底下還有六七個弟弟妹妹就學中。她是長男的媳婦。

婆婆結婚後生了七、八個孩子，那年頭，沒辦法好好做月子，身體沒有調養好，落下病根，身子一直很弱。當先生的生意興隆、財源滾滾時，外面就已經有女人了。

夫妻之間不斷的爭執吵架，後來公公乾脆搬到外面住。婆婆情緒不好，身體就越來越差，最後抑鬱而終。

媽媽剛嫁過來的時候，日子也不好受，婆婆情緒不穩，家事繁雜，逢年過節祭祀祖先，還要準備豐盛菜餚，殺雞殺鴨是必備禮數。媽媽少年時期何曾做過這些事呢？

婆婆逼著媽媽學殺雞殺鴨，這是媽媽印像中很痛苦又害怕的事情。但是為了家庭和樂，為了孩子，只能咬緊牙關，默默忍耐，承受一切。

婆婆因不堪身心長期折磨，去世的時候，小姑小叔都還在學校讀書呢。媽媽一肩扛起所有責任與工作，經營店面，操持家務，日夜忙碌，一路走來，大度包容，任勞任怨，家族都很尊重她。

公婆相繼去世後，兄弟也分家各自獨立，爸爸分得布莊，只是自從成衣市場興起後，布莊生意就越來越差，風光不再。

爸爸看著一家大小食指浩繁，只靠布莊店鋪也不是辦法。朋友邀爸爸合夥做生意，爸爸執意參加，結果不幸投資失敗，慘遭虧損。為了扳回一城，偷偷跑去簽六合彩，只是十賭九輸，全家的重擔，就全部落在媽媽身上。

曾經是富貴人家的長媳，如今為了生活，只得想盡辦法。除了賣布料也兼營枕頭、棉被，同時在店門前賣起剉冰生意，遇到時機不好時有人催債，還要回娘家借貸，東拼西湊，才能應付生活開銷，支撐兄弟姊妹完成學業。

孩子結婚後，媽媽升格為六個孫子的阿嬤，日子更不得閒，阿妹對於媽媽一輩子如此辛苦無限付出，非常心疼。自己長居北部，家庭工作忙得陀螺般團團轉，無法分憂解勞，內心裡總是愧疚萬分。

十年前，媽媽頸部出現幾顆腫瘤，檢查是淋巴癌，需開刀切除。她聽說某個宮廟可以祈福，只要連續求八個聖筊，表示神明答應，可以消災延壽。為了幫媽媽祈福延壽，她從早上跪著求筊，一次又一次，有時候明明六個聖筊，第七個又失敗，只好重新再來。求到晚上還沒有成功。

隔天再去求，一直跪到下午，皇天不負苦心人，終於求到連續八個聖筊。很開心的跟媽媽分享，相信媽媽一定可以度過難關。

說也奇怪，不曉得是神明感應？還是孝心感動天？後來媽媽真的漸漸康復，過了一段穩定的日子。

尋寶遊戲，和媽媽的歡樂時光

五年後，媽媽頸部又慢慢出現幾顆腫瘤。趕緊安排媽媽住院開刀。同時去找原來的宮廟祈求延壽。

這次她也一樣從早上跪求到晚上，沒有成功。有時候求到七個聖筊，可是就沒有辦法連續求到八個。

找兄弟姊妹大家一起來試試看，還是無法成功，看著別人連續八個聖筊，實在羨慕又焦急。大家求了兩天，從早跪到晚上，依然功虧一簣。

宮廟住持看他們求了這麼久，詢問媽媽病況後，表示如果一直求不到延壽，你們是否考慮求神明保佑，祈求媽媽沒有病痛、順利圓滿呢？

兄弟姊妹面面相覷，好吧，試試看。沒想到祈求媽媽順利好走，馬上出現八個聖筊，當下阿妹忍不住哭了出來。

她曾經問媽媽是否會害怕？媽媽點點頭，也害怕死了之後會到哪裡去，阿妹安慰她，我們的身體雖然壞了，但是轉身後可以換一個新的身體，不用擔心，菩薩會接妳，我們也會永遠愛妳。

媽媽平時不太說話，有次她感嘆說著，我這輩子也沒有做什麼壞事，怎麼會得這種病？是不是因為殺雞殺鴨造成的業力？

阿妹總是溫柔地多方寬慰：「我們有幫妳消業，佛菩薩會處理圓滿，這些牲畜都度化到天上了，不用擔心喔！」

有時候則表示，妳做人好，修得好，就像資優生的考試，比較困難啦。或者是說，媽媽這一輩子照顧這麼多人，一定是功德無量的。

後來媽媽因疼痛用止痛藥後，漸漸昏睡，一直到最後送去安寧病房，就再也沒有出來。媽媽去世後，阿妹悲痛哀傷，經常思念流淚。

夜晚躺在媽媽的床上，蓋著媽媽的棉被，聞著熟悉的味道，想念媽媽舊日身影，觸景生情。曾經夢見媽媽，和往常一樣溫和對著她笑，而她依舊是那個撒嬌賴床的女兒，等待媽媽前來呼喚——阿妹。

時間的流逝，也無法減少對媽媽的懷念。後來，在安養院工作時，每次看到母女互動，就會先轉身掉淚，待淚水擦乾情緒穩定，才能繼續照顧病人。

如今，許多年過去了，只能把這份愛悄悄放在心裡，靜靜懷想，默默思念。

「陪伴媽媽生病後期，有沒有讓她快樂或開懷的事情呢？」我問阿妹。

她偏頭想了想，媽媽心地善良，話不多，即使自己能力有限，看到別人有困難，也會想辦法幫助他人。所以朋友多，人緣很好。

癌症末期由於沒有體力，只能坐在輪椅上，或臥床休養。親友常來探視媽媽，臨走時都會包個紅包塞入衣服口袋或枕頭下，聊表心意。媽媽雖然推拒，卻無法起身歸還。

媽媽沒有心力收拾整理，房間裡可以看到幾個露出紅色一角的禮袋。阿妹跟媽媽說，我們把紅包收集起來，登記清楚存起來。

那天晚上，母女兩人像個小女孩般，玩起「尋寶遊戲」。媽媽說，好像小叔的紅包在枕頭下，小姑的好像在大衣口袋，其餘的記不太清楚了。

阿妹每找到一個紅包，兩個人都開心的「耶！又找到一個了！」興奮得像中樂透般笑開懷。

還有三叔公、五嬸婆及許多親朋好友，隨手放在梳妝台、桌墊下、床褥底下、衣服口袋等等。

那個晚上，一共找到十來個紅包，許多意外驚喜，母女倆歡笑聲不斷。

「媽媽，妳做人怎麼這麼好？給人家收這麼多紅包！」阿妹還不忘打趣。

那是媽媽生命末期最溫馨快樂的時光。

夏風吹起時，阿妹傳來許多張澎湖望安迷人的照片。蔚藍的天空，遼闊的大海，一個美麗女子站在沙灘上，眼神望著遠方，不知道在想什麼？

海風陣陣，吹亂了一頭秀髮，夕陽餘暉下，勇敢良善的阿妹——，不論人世幾度滄桑，媽媽在天上，將永遠眷顧著妳！

卡拉OK．療心室

歌曲：〈聽海〉，歌者：張惠妹。

歌曲：〈淚海〉，歌者：許茹芸。

歌曲：〈那年夏天寧靜的海〉，歌者：王心凌。

後記／老北京祥獅門環的故夢

奔馳在故鄉的大地，閃耀一身華艷流彩，終於，我回來了！

走過幾千年輝煌悠久歷史，看過多少豐富燦爛的文化；從莊嚴宏偉宮殿，到清麗雅致的園林，老北京一磚一瓦，一草一木，都有我深深愛戀！

曾幾何時，歲月流轉，王府凋敝坍塌，古街消逝不再，故都換了風貌容顏！

一棟棟新式建築，取代了寬敞老舊的大宅院；一扇扇歷經滄桑的木板門，堆積在廢棄角落，門板上相依的祥獅門環，縱使難掩傷心，也只能無奈地一一委棄於地，俱為塵土！

不知道他是什麼時候，發現我原先的美麗！

當他拾起那個鏽蝕斑駁的祥獅門環，又是怎樣的一番心情？

是悠悠此生註定難捨的緣分？
還是冥冥前世未了的心願？

或許，有著一份珍惜不捨的心情；
也可能，是獨具慧眼創意無限！

我偷偷猜想，會不會，
是前世王府大宅書聲朗朗的孩童？
或是馬背上豪氣干雲的倚劍少年？
抑或是皎潔月光下，我一直默默守護的古剎高僧？

世人讚譽他為「東方的畢加索」，而我是知道的，他有個響亮偉大的名字：「李善單教授」。

是他滿腔浪漫創意的靈魂，重新賦予我新生命！
是他那雙溫柔巧手，將我嵌在一張張白色畫布上，五彩炫爛，明豔照人！
是他，帶我登上藝術殿堂，成為一道最亮眼的風景！
於是，從台灣新藝術博覽會，到美國比佛利畫廊，甚至遠及英國藝術舞台，都有我驚豔登場，
接受一場又一場世人讚嘆的目光！

我曾飛越英吉利廣闊的海洋，也曾徜徉上海繁華迷人的天空；

我記得福爾摩斯朝陽的流彩，也難忘懷神秘香江的黃昏夕照！

只是，無論我走到哪裡，好像都能聽見心底某個聲音，縱使天涯海角，也永遠忘不了記憶深深的故夢！

我想起在故鄉的日子，年年春節都舉辦廟會，舞龍舞獅或傳統雜藝，熱鬧街市上，人群熙熙攘攘川流不息。

也憶起戲棚上風情萬種允文允武的粉墨登場，及王府大街上老字號的傳統小吃與迷人味道。

啊！我的繁華舊夢，老北京的風華與失落！

總是相信，朗朗乾坤，天道好還，上蒼肯定聽見我微小的呼喚！

那位喚為 DiMora 男子勇敢追夢，他驚懾於我的華艷與氣勢，創造了「西方的勞斯萊斯」超級跑車。

於是，當東方遇見西方，復古又當代，典雅又新潮，果真是經典創作，轟動十方！

我將歸來，化身為迷人炫目的藝術超跑，走過思念的土地，穿越熟悉的街道。

我懷念故宮王羲之嫵媚醉人的墨寶，也惦記門前那對石獅子，是否依然安在？

初秋黃燦燦的小菊，妳們是否還記得我？

城門北郊幽靜的古剎，你們是否還能認取我？
大雄寶殿前那口古老的銅鐘啊，是否能朝朝為我響起，傳達一份無盡的祝福與心願！
我，真的回來了！親吻著日夜渴望的大好河山，忍不住悲欣交集，感激滿懷！

此篇文章緣起李善單教授一幅畫作「大將門系列」，將老北京購買來的祥獅銅環與畫結合，美國車商震懾於畫作的氣勢與美麗，特將此畫轉印於車上，化成一部車，並受邀到世界各地展覽，令人驚艷。後來輾轉在中國展出，彷彿老銅環再度回到思念的土地，重返熟悉的老街。整個過程一如人世的流轉、生命的換喻。紅塵來去，物換星移，此生有緣，總會以不同面目再次來到跟前，故收錄於此。

國家圖書館出版品預行編目 (CIP) 資料

思念的延續：志工路上的溫暖伴行 / 瑪莉亞（林惠貞）作 . -- 第一版 .-- 臺北市：博思智庫股份有限公司 ,2023.06 面；公分

ISBN 978-626-96860-9-4(平裝)

1.CST: 生死學 2.CST: 安寧照護
3.CST: 生命教育

197 112007082

GOAL 42

思念的延續
志工路上的溫暖伴行

作　　者 | 瑪莉亞（林惠貞）
主　　編 | 吳翔逸
執行編輯 | 陳映羽
美術主任 | 蔡雅芬
媒體總監 | 黃怡凡

發 行 人 | 黃輝煌
社　　長 | 蕭艷秋
財務顧問 | 蕭聰傑
出 版 者 | 博思智庫股份有限公司
地　　址 | 104 台北市中山區松江路 206 號 14 樓之 4
電　　話 | (02) 25623277
傳　　真 | (02) 25632892

總 代 理 | 聯合發行股份有限公司
電　　話 | (02)29178022
傳　　真 | (02)29156275

印　　製 | 永光彩色印刷股份有限公司
定　　價 | 300 元
第一版第一刷　2023 年 06 月

ISBN 978-626-96860-9-4

博思智庫股份有限公司
博思智庫粉絲團　Facebook.com/broadthinktank